SPARKNOTES™

철학의 문제

Problems of Philosophy

버트란트 러셀

다락원 | Spark Publishing

SPARKNOTES™ 027

철학의 문제

펴낸이 정규도
펴낸곳 (주)다락원

초판 1쇄 인쇄 2010년 1월 27일
초판 1쇄 발행 2010년 2월 4일

책임편집 안창열
디자인 정현석
번역 최기철
표지삽화 손창복

다락원 경기도 파주시 교하읍 문발리 509-1
내용문의: (031)955-7272(내선 400)
구입문의: (02)736-2031(내선 112~114)
Fax: (02)732-2037
출판등록 1977년 9월 16일 제300-1977-23호

Copyright ⓒ 2010, 다락원

출판사의 허락 없이 이 책의 일부 또는 전부를
무단 복제 · 전재 · 발췌할 수 없습니다.
잘못된 책은 바꿔 드립니다.

값 7,000원

ISBN 978-89-5995-192-5 43740

http://www.darakwon.co.kr
일이관지(一以貫之) 논술팀이 제시한 실전 연습문제 답안작성
논술가이드는 www.darakwon.co.kr에서 무료 제공합니다.

세계의 교양을 읽는다

고전을 왜 읽는가?

인간의 삶과 세상에 대한 영원한 물음이 있기 때문이다. 시대와 사상을 뛰어넘어 지금 여기 우리에게 필요한 물음이 없는 고전은 더 이상 고전이 아니다. 인간과 삶에 대한 근원적인 물음 없이 고전을 읽는다면 자신과 인간에 대한 성찰과 지혜로 이어지지 않는다. 논술 시험 때문에, 과제물 때문에, 아니면 남들이 읽으니까, 나도 읽는다는 식이라면 그 책은 죽은 책일 수밖에 없다.

고전을 살아 있는 책으로 만드는 이 '물음!'에 답하기 위해서는 좋은 길잡이가 필요하다. 오랜 기간 동안 미국의 고교생과 대학 주니어들이 시험, 에세이 작성, 심층토론 준비를 위해 바이블처럼 애용해온 'SPARKNOTES'와 'CliffsNotes'는 바로 그런 좋은 길잡이의 표본이다. 이 두 시리즈가 원조 논술연구모임인 '일이관지(一以貫之)' 팀의 촌철살인적 해설을 곁들여 논술로 고민중인 대한민국 학생 여러분을 찾아간다.

SPARKNOTES와 CliffsNotes의 가장 큰 장점은 방대하고 난해한 고전을 Chapter별로 요약하고 분석해서 원전의 내용에 보다 쉽고 체계적으로 접근하는 신속·간편성이라고 할 수 있다. 여기에 '一以貫之' 팀이 원전의 중요한 문제의식, 즉 근원적 '물음'은 무엇이며, 그 '물음'은 오늘날에도 여전히 유효한가, 라는 질문을 다시 던진다.

대입논술로 고민하고, 자칭 타칭의 고전이 넘쳐나는 오늘의 독서풍토에서 지적 정복이 긴박한 대한민국 학생들에게 감히 이 시리즈를 자신있게 권한다.

一以貫之 논술연구모임 연구실장 이호곤

차례

○ **간추린 명저 노트** 7

역사적 배경과 저자에 대하여 8
철학적 배경 11
전체 개요 16
용어 해설 20
주제, 제재, 상징 25

○ **Chapter별 정리 노트** 29

Chapter 1 현상과 실재 30
Chapter 2 물질의 존재 40
Chapter 3 물질의 본성 50
Chapter 4 관념론 56
Chapter 5 직접 대면에 의한 인식과 기술구에 의한 인식 63
Chapter 6 귀납에 대하여 71
Chapter 7 일반 원리에 관한 우리의 인식에 대하여 78
Chapter 8 어떻게 선험적 인식이 가능한가 88
Chapter 9 보편자들의 세계 96
Chapter 10 보편자에 대한 인식 104
Chapter 11 직관적 인식 111
Chapter 12 진리와 거짓 117
Chapter 13 인식, 오류, 개연적 견해 125
Chapter 14 철학적 인식의 한계 133
Chapter 15 철학의 가치 141

○ **Review**

Quotable Quotes 146
Key Facts 150
Study Questions 152
Review Quiz 155

○ 권말부록 **일이관지 논술 노트** 161

인식의 문제에 관한 철학적 탐구와 그 의의를 다룬 철학 입문서! | 실전 연습문제

이 책의 구성

SPARKNOTES와 CliffsNotes는 방대하고 난해한 원작을 보다 쉽게 이해할 수 있도록 돕는 안내서입니다. 여기에는 원작 이해를 돕기 위해 매 장마다 '요점 정리(또는 줄거리)'와 '풀어보기'가 실려 있습니다. '요점 정리(또는 줄거리)'에는 원저의 내용을 일목요연하게 정리해 놓아 저자가 전달하려는 내용을 어렵지 않게 파악할 수 있습니다. '풀어보기'에서는 철학서의 경우, 원저에 담긴 저자의 사상이나 관련 철학, 시대 상황, 논점 등을, 문학 작품인 경우에는 원작에 담긴 문학적 경향, 등장인물의 심리상태, 주제 등을 설명해 놓았습니다. 분석적이고 비판적인 글읽기의 바탕이 되는 요소들이죠. 비소설이나 소설을 막론하고 분석적이고 비판적인 글읽기는 독자에게 꼭 필요한 자질입니다.

그밖에도 원저를 좀더 깊이 복습해서 제대로 소화할 수 있도록 돕기 위해 'Study Questions'와 'Review Quiz' 등을 마련해 놓았습니다.

* 〈 〉는 철학서, 장편소설, 중편소설, 수필집, 시집. "   "는 단편소설, 논문
* 작품명은 독자의 이해를 돕기 위해 예외적인 경우를 제외하고는 영어식으로 표기함.

● 일이관지(一以貫之) 논술노트

권말에는 일이관지 논술팀에서 작성한 논술노트가 실려 있습니다. 원저를 우리의 삶과 연계시켜 비판적 사고와 논리적 글쓰기의 방향을 제시합니다.

● 실전 연습문제

논술예제와 기출문제를 통해서는 원작을 바탕으로 출제 가능성이 높은 논점을 함께 숙고해 봅니다.

간추린 명저 노트

1872년 5월 18일 영국의 귀족 가문에서 태어난 버트란트 러셀 Bertrand Russel은 네 살 때 부모가 세상을 떠난 뒤로는 엄격한 할머니 슬하에서 가정교사의 교육을 받으며 자랐다. 1890년부터 1893년까지 캠브리지 대학교에서 공부한 그는 수학에서 두각을 나타냈고, 논리학과 철학에도 커다란 흥미를 느꼈으며, 1897년에 첫 저서〈독일 사회민주주의 German Social Democracy〉를 출간했다. 이어 모교의 특별연구원 겸 강사가 된 그는 100여 편의 평론과 저서를 발표했으며, 1949년에는 메리트 훈위(the Order of Merit)를 받았고, 1950년에는 〈권위와 개인 Authority and the Individual〉으로 노벨 문학상을 수상했다. 러셀은 1970년 1월 31일, 세상을 떠났다.

러셀의 철학적 견해는 20세기의 사상에 광범위하고 깊게 자리하고 있다. 많은 사람들이 그에게 호기심을 지니고 있던 차에 〈자서전 The Autobiography of Bertrand Russell, 1872-1967〉(전3권)을 펴내자 그의 일거수일투족은 철학계와 사학계의 주요 토론거리가 되었으며, 더불어 사회적·정치적인 문제에 대한 거침없는 견해 표명은 많은 논란과 반향을 불러일으켰다. 대표적인 것으로는 여성의 참정권 요구, 자유연애 옹호, 결혼제도 반대, 제1차 세계대전 당시의 영국 징병제 반대, 미국의 월남전 개입 반대, 핵무기의 개발과 보유 반대, 레닌과 스탈린 치하의 소련 정부에 대한 비난 등을 꼽을 수 있다. 이 같은 활동으로 인해 러셀은 공산주의자라는 낙인이 찍혔고, 이미 1916년에는 캠브리지 대학교의 강사직을 박탈당하고 수감되기도 했다. 석방 뒤부터 1944년 복직 때까지는 일반 대중을 상대로 강연과 저술 활동에 전념했으며, 1945년에 출간한 〈서양철학사 A History of Western Philosophy〉는 커다란 성공을 거두었다.

청년이 될 무렵까지 대부였던 존 스튜어트 밀의 자유분방한 사고방식에 심취해 있던 러셀은 캠브리지 재학 시절에 당시 주류의 지적 사조인 신 헤겔주의*와 관념론을 접하게 되었으며, 제임스 워드, 존 맥태거트, 프랜시스 브래들리 같은 관념론자들 밑에서 수학했다. 러셀 고유의 사고방식, 특히 논리학에 관한 첫 견해는 브래들리로부터 가장 큰 영향을 받았다. 따라서 브래들리처럼 심리주의**를 거부하면

---

* **신 헤겔주의**(neo-Hegelianism): 헤겔 철학에 영향을 받은 관념철학. 당시 유행하던 유물론과 공리주의에 대한 반감을 철학적으로 표현하려 했으며, 1870년-1920년대에 걸쳐 영국과 미국에서 부흥했다.

** **심리주의**(psychologism): 심리학적 견해를 인식론과 논리학의 영역에 적용하여 인식(지식)과 사유의 심리적·사실적 성립과정을 관찰하고 확정함으로써 인식과 사유의 본질을 이루는 법칙성과 논리성을 설명하는 기초를 확립할 수 있다고 주장하는 견해.

서도 다원론이 옳다고 생각했기 때문에 스승의 형이상학(일원론)을 거부했을 뿐만 아니라 과학적 인식이 다른 무엇보다도 중요하고 앞선다고 철저히 믿었다.

학자 러셀의 삶은 그가 교육받은 영국 관념론의 전통을 거부하면서 비로소 시작되었고, G. E. 무어와 함께 플라톤의 실재론을 받아들이면서 유명해졌다. 그는 모든 순수수학은 논리학 원리들로부터 연역해낼 수 있다고 주장했다. 1898년 이후에는 자신의 모든 철학은 논리적 원자론으로 구조화하고 설명할 수 있다는 견해를 피력했다. 논리적 원자론이란 더 이상 분해할 수 없는 단순한 명제가 해당 체계에 관해서는 논리적 기초가 되어야 하고, 그 밖의 명제는 그것들의 복합화와 일반화에 의해 이루어진다는 이론이다. 20세기 초에는 무어, 루드비히 비트겐슈타인과 함께 '철학적 분석'을 실천했으며, 그 과정에서 러셀과 무어는 일반적 언어 대신 명제와 개념을 동원했다. 그는 실재의 논리적 형태를 찾아내기 위해 분석이라는 방법의 활용을 옹호했는데, 이 같은 방법론으로 인해 서구 분석철학의 창시자 가운데 한 사람으로 꼽히고 있다.

러셀의 철학 사상은 평생 동안 변화하고 발전해 나가는데, 그 변화는 극단적 실재론, 중도적 실재론, '구조적' 실재론의 3단계로 나눌 수 있다. 초기에는 생각이나 언급될 수 있는 모든 것은 분석이 필요한 어떤 종류의 실재나 존재를 지닌다는 믿음을 갖고 있었으며, 이어서 '존재'라는 단어를 임의로 사용하는 문제를 해결코자 기술(記述) 이론을 발전시켰고, 그 이론을 통해 대부분의 이름에는 숨겨진 명확한 기술이 내포되어 있다는 점을 깨달으면서 중도적 실재론을 받아들일 수 있게 되었다.

러셀의 새로운 사상은 그가 극단적 실재론에서 벗어났다는 것을 분명히 보여주었지만, 플라톤 사상에 대한 애정은 이데아(idea), 즉 보편자들이 우리가 직접 대면할 수 있는 대상이라는 그의 이론에 뚜렷이 남아 있었다. 러셀은 1905년부터 1919년까지는 수정된 실재론적 입장을 고수했는데, 1910년 캠브리지 강의를 시작하면서 인식론에 점점 더 많은 관심을 갖게 되었다. 시간이 갈수록 대중적 인기가 높아진 〈철학의 문제(철학이란 무엇인가) *Problems of Philosophy*〉(1912년)에서는 데이비드 흄과 조지 버클리에게 초점을 맞춰 영국 경험론자들을 비판적으로 평가하고,

경험으로부터 얻은 인식(지식)—경험적 인식—의 토대는 감각자료(감각소여)인 경험 대상과의 직접 대면이라고 주장한다. 이 견해에 따르면, 우리가 단지 기술구(description)에 의한 인식만을 갖고 있는 물리적 물질들은 감각자료에 대한 우리의 경험을 가장 잘 설명해 준다.

우리의 일상적 삶에 대한 탐구와 근본적으로 연관된 〈철학의 문제〉는 철학 입문서로서의 역량과 러셀의 건설적이고 긍정적인 철학 학습 계획을 잘 조화시켜 놓았으며, 그가 거둔 철학적 성과의 상당 부분은 케케묵은 문제들을 새로운 논리로 다룬 결과라는 것이 이 책 전반에 걸쳐 잘 나타나고 있다. 러셀은 수많은 이전 철학자들과 철학 사조들을 소개하고, 그들의 철학적 입장을 개관하는 한편, 모든 철학에 공통된 철학적 문제들—공개적 경험과 사밀(私密)한 경험, 개인의 정체성, 자아의식과 다른 정신에 대한 의식, 공간과 시간의 관계, 인식 자체 등—의 전후관계를 짚어본다. 러셀의 혁신적인 이론은 형이상학과 인식론의 관심사를 가리지 않고 넘나드는데, 진리들(보편자들)에 대한 인식과 사물들(개별자들)에 대한 인식 및 현상과 실재의 구별에 주로 관심을 보이고 있다.

러셀은 나중에 견해를 바꿔 물질은 감각자료로부터 논리적으로 구성되었다고 주장하는 구조적 실재론을 받아들였고, 자신의 복합적 관계 이론을 활용할 커다란 작업을 구상했으나 비트겐슈타인이 계속 공격하자 포기했다. 그 후 루돌프 카르납이 이 세부적 구조 개념에 대해 연구를 계속 했다. 러셀은 정신과 감각자료에 대한 자신의 견해 가운데 일부를 버리고 현대 물리학을 이해하기 위해 매진했으며, 시간이 흐르면서 윌리엄 제임스와 미국의 신(新) 실재론자 들이 수용하고 있던 중성적 일원론을 받아들였다. 1919년 이후에 펴낸 저술들 대부분은 중도적 견해를 지녔던 시절 의 저술들에 비해 큰 영향력을 발휘하지 못했다. 그동안 러 셀이 누려왔던 지적 권위가 점점 일반화되어가는 논리적 실증주의로 인해 조금씩 빛이 바래가고 있었던 것. 그는 일 상 언어로 철학하는 논리적 실증주의의 과학적 방법론은 인정하면서도 그 이론은 강하게 반대하고 비난했다.

러셀의 사상에 대한 두드러진 반응은 힐러리 퍼트넘, 카르납, J. L. 오스틴, 비트겐슈타인 등의 저서에서 발견할 수 있다.

알프레드 화이트헤드(Alfred Whitehead. 1861-1947): 영국 철학자, 수학자. 이 세상에 존재하는 것은 모두 유기체적 관계를 갖고 있으며, 그 관계 속에서 존재가 생성된다고 주장했다. 그에 따르면, 신도 세계와 인간이 존재하기 때문에 존재할 수 있는 현실적 존재다. 주요 저서는 〈이성의 기능〉 등.

존 스튜어트 밀(John Stuart Mill. 1806-73): 영국 철학자, 경제학자. 개개인의 독창적이고 다양한 삶을 보장해 주는 것이야말로 사회 전체의 효용을 증대시키는 방편이며, '최대 다수의 최대 행복'을 낳는 '최선의 상태'를 만드는 것이 도덕의 목적이라고 주장했다. 주요 저서는 〈자유론〉, 〈공리주의〉 등.

제임스 워드(James Ward. 1843-1925): 영국 철학자, 심리학자. 실재를 상호작용하는 정신적 단자들의 관점에서 해석했다. 주요 저서는 〈심리학 원리〉 등.

존 맥태거트(John E. McTaggart. 1866-1925): 실재적이지 않고 존재하는 것은 없으며, 존재하지 않고 실재적일 수 있는 것은 없다면서 개인적 관념론을 주장했다. 주요 저서는 〈존재의 본성〉 등.

프랜시스 브래들리(Francis Bradley. 1846-1924): 영국 철학자. 완전한 경험만이 절대적 진리를 알 수 있으며, 유한한 경험은 부분적 오류를 내포한다면서 절대적 관념론을 주장했다. 주요 저서는 〈현상과 실재〉 등.

G. E. 무어(George E. Moore. 1873-1958): 영국 철학자. 논리적 수단을 동원해 철학에 스며든 난해한 비경험적·형이상학적 요소를 배제하고 개념의 명료화를 추구했다. 주요 저서는 〈윤리학 원리〉 등.

플라톤(Plato. 428?-347 B.C.?): 그리스 철학자. 소크라테스의 제자이자 형이상학의 수립자. 논리학·인식론 등에 걸쳐 광범위한 철학체계를 전개했으며, 영원불변의 개념인 이데아(Idea)를 통해 존재의 근원을 밝히려고 했다. 주요 저서는 〈소크라테스의 변명〉, 〈국가〉 등.

루드비히 비트겐슈타인(Ludwig Wittgenstein. 1889-1951)**:** 오스트리아 출신 영국 철학자. 철학이란 해결할 수없는 문제에 대한 논의가 아니라 낱말들의 사용을 기술하는 것이므로 언어를 명료하게 쓸 수 있다면 인간 세계의 인식을 둘러싼 모호한 문제들이 해소된다고 주장했다. 주요 저서는 〈논리철학 논고〉 등.

데이비드 흄(David Hume. 1711-76)**:** 영국 철학자, 경제학자, 역사가. 회의주의자로 분류되지만, 인간의 인식 능력 밖에 있는 대상에 대해서만 회의주의적 태도를 취했다. 존 로크, 조지 버클리 같은 경험주의자들로부터 커다란 영향을 받았으며, 토머스 홉스의 계약설을 비판하고 공리주의를 지향했다. 주요 저서는 〈인성론〉 등.

조지 버클리(George Berkeley. 1685-1753)**:** 아일랜드 철학자, 성공회 주교. 지각하는 것만이 실체이고, 지각하지 못하는 것의 실체는 없다며, 극단적 경험론을 주장했다. 주요 저서는 〈해석자〉 등.

루돌프 카르납(Rudolph Carnap. 1891-1970)**:** 독일 태생의 논리실증주의 철학자. 검증 불가능한 형이상학적 물음을 배제하고, 주로 논리학과 수학의 기초에 관해 연구했다. 주요 저서는 〈과학철학 입문〉 등.

윌리엄 제임스(William James. 1842-1910)**:** 미국 심리학자, 철학자. 어떤 것을 실제로 해보는 실행이 쌓여 관행이 되고, 그 관행은 관습과 관점에 따른 상대적 차이를 인정할 수밖에 없어 관용을 가져온다는 프래그머티즘철학의 확립자. 사고나 의식이란 어느 한 곳에 머무르는 것이 아니라 자신의 의지에 따라 선택적으로 지향되는끊임없는 변화의 흐름이며 매우 능동적인 경험의 연속이라고 주장했다. 주요 저서는 〈심리학의 원리〉 등.

힐러리 퍼트넘(Hilary Putnam. 1926-)**:** 미국 철학자. 우리가 믿어야 할 세계는 우리의 합리적 탐구에 대해 외적이 아니라 내재적으로 있는 것이기 때문에 다양한 탐구가 있을 수 있으며, 따라서 세계와 진리도 다양하다는 내재적 실재론을 주장했다. 주요 저서는 〈이성·진리·역사〉 등

J. L. 오스틴(John L. Austin. 1911-60)**:** 영국 철학자. 언어의 본질과 기능, 언어와 사상, 언어와 사물의 관계 등, 즉 '말을 어떻게 쓰느냐'의 문제를 분석하는 언어철학과 분석철학의 거장. 주요 저서는 〈말과 행위〉 등.

〈철학의 문제〉는 인식론적 이론과 진리에 대해 논한다. 러셀은 실재에 대한 우리의 판단들을 구별하기 위해 분석적 방법을 활용한다. 다시 말해, 물리적 세상에 대한 우리의 인식을 중점적으로 논하기 위해 처음부터 르네 데카르트*의 방법적 회의를 동원한다. 방 안에 있는 탁자에 대한 어떤 믿음들을 주장하면서 그 믿음을 통해 실제로 우리가 어떤 인식을 보유하는지, 그리고 만약 어떤 인식을 보유한다면 탁자는 도대체 어떤 종류의 사물인지 알고 싶어하는 것. 탁자는 물질로 이루어져 있으며, 그것에 대해 인식할 수 있는 방법이 존재한다고 추론한다. 탁자를 본다는 것은 어떤 것, 즉 타원형의 갈색 판자에 대한 인식이 수반된다. 러셀은 이 어떤 것을 '감각자료'라고 부른다. 감각자료는 감각 자체가 아니라 감각에 의해 즉각적으로 인식되는 사물들이다. 우리는 물리적 대상의 존재 표지로서 감각자료를 받아들이고, 감각자료의 경험을 통해 물리적 세계에 도달하는 합리

---

* **르네 데카르트**(Rene Descartes, 1596-1650): 프랑스의 철학자, 수학자, 물리학자. 신적 초월성을 주장한 중세적 사고에서 벗어나 '인간'에게 의미를 부여하기 시작한 근대 철학에 중요한 인식론적 기반을 제공했다. 주요 저서는 〈방법서설〉, 〈제일철학에 대한 성찰〉 등.

적 추론 과정을 진행한다.

러셀은 "존재한다고 알려질 수 있는 것은 모두 어떤 의미에서 정신적인 것이 틀림없다"는 관념론에 반대하면서 보편자와 개별자의 실재를 옹호한다. 보편자란 물리적 대상들이고 주어진 시각에 한 장소에 있는 개별자들을 예증한다. 보편자에는 흼(whiteness)과 같은 어떤 성질이나 '~의 왼쪽'과 같은 어떤 관계가 포함되며, 관계에는 공간적 · 시간적 · 인과적 관계가 있다. 관념론자들은 모든 것을 정신적이라고 보는데, 러셀은 그들이 감각의 '활동'과 감각자료의 '대상'을 혼동한다고 생각한다.

직접 대면에 의해 감각자료를 인식하고 기술구에 의해 물리적 대상을 인식한다고 믿은 러셀은 직접 대면에 의한 인식과 기술구에 의한 인식의 구별을 발전시켰다. 우리는 오직 감각자료만 직접 대면하고, 따라서 직접적인 인식을 갖는다. 기술 이론에 의하면, 우리는 하나의 대상에 대해 이름과 명확한 정의라는 두 종류의 조건을 활용한다. 러셀이 꼽는 예는 '비스마르크' 또는 '독일 제국의 초대 총리'다. 기술구를 채택하면 대상들과 직접 대면하지 않고도 생각하고 이해할 수 있으며, 그것들에 대한 간접적인 인식을 얻을 수 있다.

러셀은 인간의 자연스러운 성향에 대해 전반적으로 긍정적인 입장을 취하면서 진리 이론 속에서 직관을 설명한다. 진리에 대한 그의 이론에서 필연적이고 중요한 논리적 요체는 사실, 명제, 그리고 보편자들과 개별자들로 구성되는 복합체들이다. 사실들은 통상 우리가 상상하는 방식으로 존재하는데, 인간의 자각과는 무관하다. 개별자와 보편자는 명제 안에서 서로 연관되며, 명제는 의미에 대한 복잡하고 철학적인 표현이다. 러셀은 대체로 명제를 대상과 그들의 관계들에 대한 언명으로 연관시킨다. 어떤 명제는 보편자 및 개별자와 적절하게 배열되면 진리를 구성할 수 있다. 물론, 적절한 배열이 엄밀하게 매우 힘들지만 러셀은 그 형태를 분명히 예시한다. 그 이론에 의하면, 참된 명제는 믿음과 사실이 일치하는 것이다.

한편, 러셀은 선험적 인식에 대해서도 깊이 있게 설명하면서 보편자에 대해 '이데아' 같은 플라톤의 입장을 옹호한다. 어떤 보편자의 구체적 사례를 전혀 모르더라도 그 보편자를 직접 대면할 수 있다고 주장함으로써 선험적 인식의 가능성을 이해할 수 있게 되고, 우리가 경험을 통해 얻은 인식과 똑같은 정도의 확실성을 갖는 것처럼 보이는 일반 원리들에 대한 인식을 얻을 수도 있다는 것.

러셀은 〈철학의 원리〉를 통해 중요한 철학적 성과들의 개요를 소개하면서, 과거의 논증들을 비판적으로 분석하고 자신의 구별법과 도구들을 이용하여 대응한다. 제기되는 문제들의 맥락은 보편적이지만, 실재와 그것에 대한 인식에 관해 우리의 흥미를 끄는 것은 변하지 않고 있다.

러셀은 직접 언급과 토론 방식을 빌어 논의 내용들을 전개한다. 그 토론에 등장하는 화자는 러셀뿐이지만, 그의 발언은 해박한 철학자와 호기심 많은 일반 대중 사이를 오락가락하며, '우리'라는 말을 써서 독자들이 일체감을 갖게 만든다. 러셀은 사상들 사이의 어려운 변화들을 순조롭게 하고 그것들을 기존의 비판적 발언에도 여러 차례 노출시키는 대변자를 채용하고 있다. 철학에서는 아주 친숙한 일이지만, 이 책은 지속적으로 의문을 제기한다. 각 장은 앞 장들의 내용을 바탕으로 구축되며 좀더 발전된 사상으로 나아갈 준비를 갖추게 한다. 따라서 〈철학의 문제〉는 순서대로 읽어나가는 것이 좋다.

● **분석철학** analytic philosophy | '분석'이란 수단을 통해 철학을 수행하는 모든 철학적 시도. 버트란트 러셀과 무어가 창시했다. 일명 옥스퍼드 철학(Oxford Philosophy). 러셀은 이것을 이용하여 실재의 필연적인 논리적 형태를 밝히려고 했다.

● **현상(現象)** appearance | 러셀은 〈철학의 문제〉 1장에서 현상을 실재와 반대되는 것으로 정의하면서, 우리 주위에 대한 첫인상과 겉으로 드러나는 사물들의 모습을 그 사물들의 실제 방식, 즉 실재와 구별했다.

● **관념론** idealism | 러셀은 "존재하는 것은 모두, 혹은 어쨌든 존재한다고 알려질 수 있는 것은 모두 어떤 의미에서 반드시 정신적인 것이다"라는 주장을 내세우는 관념론적 교육을 받았다. 따라서 비록 스승인 브래들리의 관념론에 더 많은 영향을 받은 것으로 알려져 있지만, 이 책에서는 버클리의 관념론을 거부한다. 실재의 관념성을 주장하는 형이상학적 관념론과 인간은 인식할 때 정신 속에 있는 것만 파악할 수 있기 때문에 인식 대상은 지각할 수 있는 것에

한정된다는 인식론적 관념론이 있으며, 형이상학의 영역에서는 유물론, 그리고 인식론의 영역에서는 실재론과 대립된다.

● **연역법** deduction ｜ 일반 원리들로부터 정보를 수집하여 다른 일반 원리나 개별 사례들에 대한 내용을 연역하게 해주는 추론 과정.

● **경험론자** empiricists ｜ 〈철학의 문제〉에서는 로크, 버클리, 흄이 영국의 대표적인 경험주의 사상가들로 예시되고 있다. 인간의 인식은 경험으로부터 유래한다는 항구한 믿음이 인식론에 끼친 영향은 지대하다.

● **귀납법** induction ｜ 개별 사례들로부터 정보를 수집하여 다른 개별 사례나 일반 명제에 관해 추리하게 해주는 추론 과정.

● **직접 대면에 의한 인식** knowledge by acquaintance ｜ 러셀이 제시하는 사물에 대한 인식을 얻는 한 가지 방식. 우리가 어떤 사물을 추론에 의존하지 않고 직접 인식할 때를 가리킨다. 우리는 우리의 감각자료와 직접 대면하며, 진리에 대한 인식과는 논리적으로 무관하다.

● **기술구에 의한 인식** knowledge by description │ 직접 대면에 의한 인식과 함께 사물에 대한 인식을 얻게 해준다. 우리가 직접 대면하는 어떤 것, 감각자료, 그리고 "이러저러한 감각자료는 그 물리적 사물에 기인한다"와 같은 기술을 인식하는 것처럼 진리들에 대한 어떤 인식을 바탕으로 얻어지며, 따라서 우리에게 인식될 수 있는 사물들, 우리가 반드시 직접 대면해야 하는 사물들을 통해 실제 세상에 대한 인식을 추론할 수 있게 해준다. 러셀은 기술구에 의한 인식의 예로 비스마르크를 꼽는다. 비스마르크는 우리가 직접 대면할 수도 있고, '독일 제국의 초대 총리'라는 기술구에 의해서도 인식할 수 있는 물리적 실체라는 것.

● **신 플라톤적 실재론** neo-Platonic realism │ 러셀이 신 플라톤적 실재론을 받아들인다는 사실은 보편자의 실재를 강하게 옹호하는 것을 보면 알 수 있다. 보편자에 대한 그의 생각은 플라톤의 이데아에 대한 생각과 같다. 보편자들은 개별자들이 그 존재를 위해 참여하는 추상적 본질인 것.

● **개별자** particulars │ 러셀이 물질로 이루어졌다고 믿는 탁자처럼 물리적 세계에 있는 대상들. 어떤 주어진 시간에 한 장소에 있으며 보편자들을 예증한다. 흰 종이는 보편자 '흼'을 예증하는 개별자다.

● **명제** proposition ｜ 의미의 복잡한 철학적 표현. 러셀은 대상과 대상들의 관계에 대한 진술로서 명제들을 관련지어 생각한다.

● **근본적 회의** radical doubt ｜ 데카르트가 〈제일철학에 대한 성찰 *Meditations on First Philosophy*〉에서 처음으로 생각한 방법적 회의. 그 자체로 명석판명하게 참이라고 판단할 수 있는 것 이외에는 모두 믿지 않기로 작정하는 것. 러셀은 1장에서 이 방법을 동원하여 소위 우리 '인식'의 의심스러운 본성을 설명한다. 우리가 일상적으로 생각하는 실재, 인식, 진리에 대해서도 의심하고 다시 생각해 보라고 촉구하는 것.

● **합리주의자** rationalists ｜ 러셀의 논의와 관련된 합리주의자들은 대륙 철학자인 데카르트, G. W. 라이프니츠*, 임마누엘 칸트**이다. 그들은 우리는 경험을 통해 배우는 것 이외에도 '내재적인 원리들'이라는 독립된 인식을 갖는다

---

* **G. W. 라이프니츠**(Gottfried W. Leibniz, 1646-1716): 독일 철학자, 수학자. 수학·논리학·신학·역사학 등에 많은 업적을 남김. 미적분법에 관한 연구는 미분법, 적분법의 기초가 되었다. 주요 저서는 〈단자론(單子論)〉 등.

** **임마누엘 칸트**(Immanuel Kant, 1724-1804): 독일 철학자. 데카르트의 합리주의(도리·이성·논리가 일체를 지배한다고 보고, 비합리와 우연적인 것을 배척)와 베이컨의 경험주의(관찰과 실험을 중시)를 종합해 비판철학을 탄생시켰다. 주요 저서는 〈순수이성비판〉, 〈실천이성비판〉, 〈판단력비판〉 등.

고 믿었다. 러셀은 후자의 기준 속에 선험적 인식의 개념을
집어넣는다.

● **실재** reality | 현상과 반대되는 것으로, 사물이 있는 그
대로의 방식으로 존재하는 것이라고 정의된다. 러셀은 특
히 보편자와 개별자에 관해 독립된 실재를 믿었다.

● **감각자료** sense-data | 실재의 현상이 우리의 감각에 제
공하는 인상. 우리는 감각자료의 일부에 대한 감각을 갖는
다. 예를 들어 빨강 조각을 보면, 빨강색에 대한 감각을 갖
는 것. 물리적 대상들로 가득한 물리적 세계와 구별되는 중
요한 개념이며, 우리가 세상과 직접 대면하는 유일한 부분
이란 점에서 독특하다. 감각소여.

● **보편자** universals | 개별자들이 공통된 본질을 추출해
내는 하나의 전형. '흼'은 모든 하얀 사물들에 공통된 보편
적 속성이다. 우리는 추상의 과정을 통해 보편자를 이해할
수 있게 된다. 다시 말해, 우리가 조우하는 개별자들에 대해
귀납법을 실행하는 것. 러셀은 관계에 전통적 보편자와 똑
같은 보편적 지위인 성질과 속성을 허용한다.

감각자료와 물리적 세계

러셀이 〈철학의 문제〉에서 제시하는 혁신적인 개념은 감각자료다. 감각자료는 실재의 현상이 우리의 감각에 제공하는 인상이다. 우리는 감각자료의 일부에 대한 감각을 갖는다. 감각자료는 세계와 우리가 직접 대면하는 유일한 부분이기 때문에 물리적 대상들로 가득한 물리적 세계와 구별되는 중요한 개념이다. 러셀의 철학에서는 물리적 세계는 하나의 외적인 개념인데, 오직 우리 감각과의 교류를 통해서만 우리에게 도달한다.

이데아와 보편자

러셀이 신 플라톤적 실재론을 받아들이고 있다는 사실은 보편자의 실재를 강하게 옹호한다는 점에서 뚜렷해진다. 러셀의 보편자 이론은 플라톤의 "이데아론"또는 "형상론"과 흡사하다. 〈국가 *The Republic*〉에서 정의(正義)란 플라톤이 모든 정의로운 행동들의 본질로서 인식하는 이상적 형상이다. 러셀이 보편자의 예로서 제시하는 '흼'은 개별자인 하얀 사물들이 그들의 존재에 참여하는 전형과 유사하다.

인식론

러셀이 〈철학의 문제〉를 통해 드러내는 주된 관심사는 실행 가능한 인식론의 확립이다. 이 이론에서 획기적인 내용은 직접 대면에 의한 인식과 기술구에 의한 인식이다. 우리는 감각자료를 직접 인식할 때 직접 대면에 의한 인식을 갖는다. 기술구에 의한 인식은 직접 대면에 의한 인식과 진리들에 대한 어떤 인식에 근거한다. 대면은 실재하는 사물을 가장 직접적으로 만나는 것이다. 그러나 기술구는 거리를 두고 실제 세계에 대한 인식을 추론할 수 있게 해준다. 러셀이 분명히 밝히지는 않았지만 직접 실재론과 간접 실재론은 그의 사상에서 두드러지는 이분법이다.

방법론

러셀은 〈철학의 문제〉에서 분석철학을 하고, 새로운 가능성들을 잉태하기 위한 도구로서 그 자체로 명석판명하게 참이라고 판단할 수 있는 것 이외에는 모두 믿지 않기로 작정한 데카르트의 방법적 회의를 전용하고 있다. 1장에서는 소위 우리 '인식'의 의심스러운 본성을 설명하기 위해 이 방법을 동원한다. 우리가 일상적으로 생각하는 실재, 인식, 진리에 대해서도 의심하고 다시 생각해 보라고 촉구하는 것.

다른 철학자들의 문제들

〈철학의 문제〉는 수정적인 성격을 지니고 있다. 다른 철학적 논증을 설명할 때, 먼저 그 사상의 개요를 제시하고 이어서 그 추론의 장단점을 지적하는 것. 사실 철학자로서의 러셀의 삶은 대부분 오래된 철학적 문제들에 대해 그의 새로운 논리 방법론을 적용하면서 구축되었다. 러셀은 흄과 칸트의 사상을 검토하고 경험주의자들과 합리주의자들 사이의 긴장을 해소하는 과정에서 버클리와 라이프니츠 같은 관념론자들의 철학적 사상을 비판하고 있다.

Chapter별 정리 노트

Chapter 1
현상과 실재

러셀은 독자들에게 한 가지 질문을 던지는 것으로 논의를 시작한다. "이 세상에 이성적으로 의심의 여지없이 확신할 수 있는 인식이 과연 존재할까?" 이 같은 질문을 던진 이유는 우리가 일상생활에서 너무나 당연시하는 사실들조차 근본적으로 따져보면 모순들로 가득하다는 사실을 인정하게 만들려는 것이다. 그리고는 우리가 경험하는 것에서부터 확실성을 찾아보기 위해 탁자의 예를 제시한다. "나는 지금 의자에 앉아 어떤 모양을 가진 탁자를 마주하고 있으며, 탁자 위에는 인쇄되거나 글씨가 쓰인 종이 몇 장이 놓여 있다." 그런데 우리는 이처럼 '너무 빤한 사실들'에 대해서도 아무렇지 않게 의구심을 제기할 수 있다. 러셀은 우리가 이런 사물들에 대한 인식을 어떤 식으로 받아들이는지에 대해 논한다.

탁자 주위를 돌면서 보니 관점에 따라 탁자의 색이 조

금씩 다르다. 빛을 반사하는 부분은 좀더 밝거나 희미한 갈색으로 보인다. 왜냐하면, 우리는 보통 탁자의 표면이 전부 똑같은 갈색이라고 믿었지만, 실제로는 보는 사람의 관점과 '반사되는 빛의 방식'에 따라 똑같은 색의 분포를 볼 수 없기 때문이다.

그렇다고 어느 누구도 완벽하게 똑같은 관점에서 탁자를 쳐다볼 수는 없는 것이 분명하므로 탁자의 한 가지 실제 색깔이 존재하는지조차 의문스럽다. 우리가 일상생활에서 어떤 대상의 색깔을 언급할 때는 사실 정상적인 관찰자의 일반적인 조건과 통상적인 관점에서 지각하게 되는 색깔의 종류만 의미한다. 그러나 다른 조건에서 나타나는 색깔들도 똑같이 그 대상의 고유한 실제 색깔이라고 간주할 수 있을 것이다. 따라서 어떤 독단을 피하려면, 그 대상 자체가 하나의 고유한 색깔을 지닌다는 것을 부정해야 한다.

색깔의 경우처럼 탁자 표면에 있는 나뭇결의 존재도 모호하다. "육안으로는 탁자 표면의 나뭇결은 매끄럽고 평평해 보이지만, 현미경을 사용하면 마치 거칠고 울퉁불퉁한 산맥처럼 보인다." 우리는 당연히 현미경으로 보는 탁자 표면이 더 '실제적'이라고 말하기 쉽지만, 더 고성능 현미경을 통해 관찰한다면 그 답은 또 달라질 수 있다. 그 결과, 우리가 애초에 출발점으로 삼았던 일상적 감각에 대한 확실한 신뢰성은 사라지고 만다. 직사각형 탁자의 모양도 그 주변을 움직일 때마다 즉각 변하는데, 이때의 감각은 탁자 자체에 대한 사실이 아니라 탁자의 감각적인 현상에 대한 사실만 전해 주는 것 같다. 탁자에 대한 촉감도 누르는 신체 부위와 그 정도에 따라 다르게 느껴지기 때문에 탁자의 어떤 불변적인 속성을 직접 보여준다고 할 수는 없고, 기껏해야 모든 감각을 불러일으키는 어떤 속성을 간접적으로 알려주는 표지에 불과하다. 이 같은 논의들은 탁자를 두드릴 때 나는 소리에도 그대로 적용될 수 있다. 바로 이런 차이를 러셀은 현상과 실재, 즉 '어떤 사물이 우리 감각에 보이는 모습과 그 사물이 우리의 감각과는 독립적으로 존재하는 실제 모습'으로 구별한다. 그런데 우리는 경험을 통해 외견상의 모양으로부터 실제적인 모양을 구성해내고 그 모양에만 관심을 갖기 때문에 일상에서는 이 같은 사실들이 잘 드러나지 않는다. 실제적인 모양은 우리가 감각으로부터 추론하는 만큼 존재한다.

"실재적인 탁자는 설령 있다손 치더라도 우리에게 즉각 인식되는 것이 아니라 즉각 인식되는 것으로부터 추론된 것임에 틀림없다." 탁자가 존재한다는 의미에서의 탁자의 실재는 실재 속에서 우리가 인식할 수 있는 부분, 즉 '감각자료'에 근거한 추론 과정에 의존한다. '우리의 감각에 의해 즉각적으로 인식되는 것들'인 감각자료는 이를테면, 색깔, 소리, 딱딱한 촉감 등이며, 그 감각자료들을 즉각적으로 의식하는 경험들이 감각이다. 따라서 우리는 어떤 색깔을 볼 때마다 그 색깔에 대한 감각을 갖게 되지만, 그 색깔 자체는 감각이 아니라 감각자료다. 이제 우리는 탁자의 실재에 대한 확실한 인식은 감각을 통해 얻을 수 없다는 사실을 알게 되었다. 그렇다면, 실재적인 탁자가 존재한다면 우리는 그것을 어떻게 인식할 수 있을까? 그리고 어떤 종류의 확실성을 가질 수 있을까? 우리가 탁자의 일부로서의 색깔들과 또 다른 속성들을 파악하는 인식의 경험을 가진다는 사실은 여전히 분명하다. 우리는 실재적인 탁자의 존재는 의심할 수 있지만, 우리 자신의 감각이 인식하는 것을 의심하기는 더 어렵다. 따라서 우리는 일상적으로 경험하는 감각자료에 대한 확신을 신뢰할 만하다고 간주할 수 있다.

실재적인 탁자가 존재한다면 감각자료와는 어떤 관계를 갖느냐, 하는 문제가 발생한다. 그런데 지금 논의 단계에서는 그 관계가 작용할지, 또는 작용한다면 어떻게 작용할지를 이해하기는 불가능하다. 먼저 접근해야 할 의문점들은 "실재적인 탁자라는 것이 존재하는가?"와 "만약 존재한다면 그것은 어떤 종류의 대상이 될 수 있는가?"이다. 러셀은 감각자료와 실재적인 탁자 사이의 관계에 본질적인 관심을 갖고 있기 때문에 다시 탁자로 돌아가 '실재적인 탁자'를 '물리적 대상'이라고 부르기로 한다. 물리적 대상들은 '물질'로 이해할 수 있다. 이렇게 되면 앞의 의문점들은 "물질

같은 것이 존재하는가?"와 "만약 존재한다면 그 본성은 무엇인가?"로 대체할 수 있다.

러셀은 첫 번째 의문에 대한 답을 모색하기 위해 버클리의 사상을 살펴본다. 버클리는 소위 물리적 대상들, 즉 우리의 감각에 즉각적으로 주어지는 대상들은 우리와 독립적으로 존재하지 않고 세계는 정신과 관념만으로 구성된 것에 불과하다는 주장을 펼쳤다. 그의 견해에 의하면, 물질은 존재하지 않는다. 소위 물리적 대상들은 실제로 관념, 즉 우리가 세계를 향해 투사하는 정신적 산물에 불과하고, 우리의 감각에 상응하는 듯이 보이는 대상들의 존재도 의심스러워진다. 탁자에 관한 러셀의 사유는 "만약 우리와 독립적으로 존재하는 것들이 있다면, 그것들은 우리의 감각에 즉각적으로 주어질 수 있는 대상이 아니다"는 버클리의 입장과 맥이 닿아 있지만, 버클리의 논증은 인간으로부터 독립된 실재의 가능성을 부인하는 매우 극단적인 견해다.

여기서 러셀은 '물질'이란 단어에 담긴 의미들 사이의 구별을 통합한다. 우리는 흔히 물질을 정신에 반대되는 무엇, 또는 공간을 점유하며 근본적으로 사유나 의식 같은 것을 할 수 없는 것으로 간주되는 무엇이라고 생각한다. 버클리는 이 같은 의미의 물질은 부정하지만, 우리와 독립된 어떤 사물의 존재를 나타내는 감각자료 같은 것의 의미를 갖는 물질은 부정하지 않는다. 버클리에 의하면, 이러한 독립성은 가능하다. 그는 우리가 눈을 감거나 방 밖으로 걸어 나가도 여전히 어떤 것이 존재한다는 것을 인정하면서도 그 어떤 것의 존재는 독립적일지는 몰라도 틀림없이 정신에 달려 있다고 믿는다. "비록 그것이 우리의 시각 작용으로부터 독립되어 있다고 할지라도 시각 작용 전체로부터 독립될 수는 없다." 따라서 '실재적인' 탁자와 여타 물질적 대상들을 신의 정신 속에 있는 관념으로 간주한다. 이러한 관념은 우리로부터 독립되어 있으며, 직접·즉각적으로 인식할 수는 없더라도 추리만 할 수 있다는 의미에서 본질적으로 알 수 없는 것은 아니다.

버클리의 이 같은 견해는 "정신, 사유, 감정 이외에는 어떤 것도 실재적인 존재가 아니다"는 관념론의 한 예에 불과한데, "생각될 수 있는 것이라면 무엇이든 그것을 생각하는 사람의 정신 속에 있는 관념이다. 그러므로 정신 속의 관념들 이외에는 그 어떤 것도 생각될 수 없다. 그러므로 그 이외의 어떤 것도 생각될 수 없고, 생각될 수 없는 것은 존재할 수 없다"는 논증에 의해 뒷받침된다. 다른 철학자들은 세상의 물리적 대상들은 반드시 신이 아니더라도 어떤 존재에 의해 관찰되느냐에 달려 있을 뿐이라고 생각했으며, 라이프니츠는 실제로는 원초적인 영혼들의 집합체에 불과한 것이라고 주장했다. 이들은 '정신에 반대되는 의미의' 물질을 부정했다.

러셀도 이들이 부정하지 않는 다른 의미에서의 물질은 인정한다. 애초에 제기했던 "실재적인 탁자라는 것이 존재하는가?"라는 의문을 다시 논하면서 실재적인 탁자의 존재를 인정하는 버클리와 라이프니츠의 견해를 긍정하는 것. 그러나 실재적인 탁자의 본성에 대한 의문, 즉 "만약 존재한다면 어떤 종류의 대상이 될 수 있는가?"에 대해서는 관념론자들과 견해를 달리한다. 거의 모든 철학자들이 '실재적인 탁자가 존재한다'는 사실, 감각자료는 우리와 독립적으로 존재하는 어떤 것에 관한 표지라는 사실, '우리가 실재적인 탁자와 어떤 적절한 관계에 있을 때마다 감각자료를 불러일으키는' 것으로 간주되는 어떤 사물이 존재한다는 사실에는 동의하는 것 같다. 러셀은 물질에 관한 분석에 앞서 첫 번째 의문에 대한 이들의 동의—그 본성이 무엇이든 간에 실재적인 책상은 존재한다.—는 대단히 중요하다면서 2장에서는 그 같은 가정의 근거를 살펴보겠다고 말하고, 우리가 감각으로부터 직접 수집하는 것은 '현상'에 불과하며, 단지 우리가 '실재'로부터 추론하는 것에 관한 표지일 뿐이라고 재차 강조하면서 1장을 마친다.

: 풀어보기

러셀은 자신이 논하려는 주제를 방법적 회의 방식으

로 전개하고 있다. 데카르트가 〈제일철학에 관한 성찰〉에서 처음 사용했던 이 방법은 아주 간단한 일상적인 것들에 관해서도 종종 오류를 범했다는 사실을 자각하고 명석판명하게 참이라고 판단할 수 있는 것 이외에는 모두 의심하기로 작정하고 자신의 인식을 최초의 토대부터 다시 쌓아 올리는 것이다. 그는 인간을 기만하기 위해 비실재적인 사물을 끊임없는 환영의 형태로 감각 속에 실재하는 것처럼 제시하는 악마가 있을지도 모른다고 상상했으며, 만약 그렇지 않다는 것을 증명하지 못하면 아무것도 해낼 수 없는 상황이었다. 러셀은 2장을 시작하면서 "주관적인 사물들이 가장 확실하다"는 주장을 뒷받침하기 위해 데카르트의 방법적 회의에 크게 의존했다는 사실을 밝힌다. 어쨌든 1장에서는 착각을 일으키는 현상과 실재를 구별하기 위해 근본적인 회의를 사용한다.

러셀은 탁자의 현상이 아주 많고 모순적이며 하나의 실재에 대한 묘사로서는 족하다고 말할 수 없다는 점을 증명함으로써 우리가 확실하다고 여기는 상식의 권위에 문제를 제기한다. 탁자의 색깔, 나뭇결, 모양에 관한 혼란은 그 탁자가 실제로 존재하기는 하는 것인지에 대한 의문을 촉발시키기에 충분하다. 그 탁자가 존재한다는 믿음은 러셀이 그 탁자와 그것을 드러내는 감각자료를 구별할 때까지 여전히 의심받는다. 러셀의 용어를 채용하면, 우리가 경험하는 혼란스러워지는 탁자와 우리의 지각으로부터 벗어난 실재적인 탁자의 관념을 구별할 수 있다.

1장 끝 부분에서 러셀은 "철학은 우리가 원하는 만큼 그렇게 많은 의문에 답해 줄 수는 없을지언정 적어도 세계에 대한 관심을 증대시키고 일상생활에서 가장 평범한 사물들조차 표면 바로 밑에는 기묘함과 경이로움이 자리하고 있다는 것을 보여준다"고 말한다. 의문을 제기하는 이러한 철학적 역량은 이 저서 전반에 걸쳐 주제로서 표현된다. 우리가 확실하다고 생각하는 것들조차 자세히 살펴보면 모순으로 가득한 경우가 많다는 사실은 러셀의 기획이 필요한 이유를 분명히 설명해 준다. 그는 겉으로 드러나 보이는 것과 실재적인 것을 조정해 줄 인식 이론의 필요성을 밝히는 한편, 어떤 인식에 대해 진술하거나 믿음을 갖기 위해서는 우리의 인식이 실재에 충실하다는 것을 실증할 수 있어야 한다면서 인식을 책임감 있게 활용할 것을 촉구한다.

러셀이 만들어낸 감각자료란 용어는 이 저서의 이해를 돕는 유용한 지침이자 현대 철학의 시금석 역할을 하며, 그 예로서 제시한 탁자는 현대 철학의 논의에서는 표준으로 활용되고 있다. 러셀의 논의에 대해 많은 철학자들이 견해를 밝혔는데, 특히 퍼트넘이 〈삼겹줄 *The Threefold Cord*〉에서 논한 그 탁자의 예가 두드러진다. 감각자료의 개념은 러셀이 지닌 과학적 연륜의 한계로 생긴 실재에 대한 잘못된 개념화라는 것. 그 오류는 반드시 관점의 문제로 인한 것이 아니고, 그 탁자는 그저 밝혀지지 않고 고려되지 않은 자연의 어떤 힘에 의해 영향을 받은 한 가지 색깔일지도 모르기 때문이다. 만약 그렇다면, 그 탁자의 색깔은 변하지 않을 것이고 관찰자와도 독립적인 것이 된다.

Chapter 2
물질의 존재

2장은 물질 같은 것이 존재하는지, 아니면 물질은 그저 상상의 산물이거나 꿈속에 나타난 대상에 불과한 것인지에 대해 의문을 제기하면서 시작된다. 이 질문들은 매우 중요하다. 1장에서 물질을 물리적 대상들이라고 밝혔으므로 만약 대상들의 독립적인 실재를 확신할 수 없으면 다른 사람들의 독립적인 실재를 확신할 수 없게 되고, 나아가 그들의 정신의 실재까지도 확신할 수 없게 된다. 왜냐하면, 우리가 다른 사람의 정신의 존재를 확신하는 근거는 그의 신체를 관찰함으로써 도출되는 것이기 때문이다. 이 같은 사실이 참인지 거짓인지를 논의하기에 앞서 좀더 확실한 출발점에서 시작해 보자. 우리는 비록 탁자가 물리적으로 존재한다는 것을 의심할지언정 우리에게 그것이 존재한다고 생각하도록 만든 감각자료의 존재는 의심하지 않는다. 즉 우리 감각의 즉각적 경험들 가운데 어떤 것은 전적으로 확실한 것 같다.

　탁자가 실재하는 것이라면 우리의 감각에 대한 확신은 믿을 수 있으며, 현상으로부터 실재를 합리적으로 추론했다고 말할 수 있다. 탁자가 실재하는 것이 아니란 사실을 밝히게 되면 '우리의 정신 밖에 있는 전체 세계는 꿈'이다. 우선 이 두 가지 가설이 지니는 차이를 파악하는 것이 중요하다. 탁자가 실재하는 것이라면 우리의 상식적인 견해를 확인해 주는 것이고, 탁자가 실재하는 것이 아니라면 '우리는 홀로 존재하고' 일상적인 의미에서 우리가 경험하는 것 가운데 실재하는 것은 없다는 의미가 된다. 그런데 우리가 '사막에서 홀로' 꿈을 꾸고 있지 않다는 것을 증명할 수 없지만, 꿈을 꾸고 있지 않다는 것이 참이라고 생각할 이유도 없다.

　여기서 러셀은 데카르트의 체계적 회의에 대해 언급한다. 데카르트는 명석판명하게 참이 아닌 것은 아무것도 믿지 않기로 작정하고 확실한 근거를 찾을 때까지 의심할 수 있는 것은 모두 의심했으며, 심지어 기만적인 악마가 비실재적인 사물을 끊임없는 환영(幻影)의 형태로 그의 감각 속에 실재하는 것처럼 제시한다고까지 상상했다. 그리고 이러한 방법적 회의를 적용해 가면서 절대적으로 확신할 수 있는 존재는 자기 자신밖에 없다는 사실을 확인했다. 그가 존재하지 않는다면 악마에게 기만당할 존재 자체가 없다는 의미가 되기 때문이다. 그는 회의했기 때문에 필연적으로 존재하지 않을 수 없다. 데카르트는 방법론적 회의를 창안하고, '주관적인 사물들이 가장 확실하다'는 것을 보여줌으로써 철학에 크게 기여했다.

러셀이 계속 추구하는 문제는 "우리가 감각자료는 확실하다고 인정하더라도 그것이 물리적 대상의 존재를 알려주는 표지라고 간주할 만한 이유가 있는가?"이다. 우리가 감각자료뿐만 아니라 물리적 대상의 실재도 인정해야 한다고 느끼는 한 가지 이유는 그 대상이 다른 사람들에게도 똑같이 나타나기를 원하기 때문이다. 만약 여러 사람이 식탁에 둘러앉아 있다면, 모두가 똑같은 포크와 나이프, 똑같은 식탁보, 똑같은 유리잔을 보게 된다고 생각하는 것은 당연하다. 그러나 감각자료는 각 개인에게 사밀하게 나타난다. 따라서 "한 사람에게 즉각적으로 보이는 것이 다른 사람에게도 즉각적으로 보이는 것이 아니라 그들 모두는 약간씩 다른 각도에서 사물들을 바라보게 되고, 결국 약간씩 다르게 볼 것이다". 공통적인 경험은 우리가 '공개적이고 중립적인 대상들' 같은 것을 믿고 있다는 의미이며, 만약 한 사람 이상이 인식할 수 있는 이런 대상들이 존재해야 한다면 개별적인 사밀한 감각자료를 넘어서는 어떤 사물이 실재해야 할 것이다. 그렇다면, 우리는 왜 공개적이고 중립적인 대상들이 실재한다고 믿어야 하는가?

사람들은 관점에 따라 어떤 대상을 조금씩 다르게 볼

수는 있어도 거의 비슷하게 보고 있으며, 그 차이는 원근과 빛의 반사에 관한 과학 원리로 설명될 수 있다. 따라서 우리는 감각자료의 이면에는 지속적인 공통의 대상이 존재하고, 그것이 감각자료의 이면에 놓여 있으면서 그때그때 감각자료를 촉발한다고 가정하게 된다. 그러나 이런 생각들은 다른 사람들의 경험을 인정한다는 점에서 잘못이다. 다른 사람들이 존재한다고 가정하는 것은 해결하려 했던 그 문제를 해결하지 않은 채 그냥 넘어가는 것이 된다. 다른 사람들의 존재는 물리적 대상들이 독립적으로 존재한다는 가정을 근거로 하기 때문이다. 이 단계의 논증에서는 다른 사람들은 '내가' 보거나 듣는 것과 같은 어떤 감각자료를 통해 '내게' 나타날 뿐이다. 따라서 우리 자신의 감각자료가 독립적으로 존재하는 사물들의 표지가 아니라면 다른 사람들의 경험도 근거로 사용할 수 없는 것이다. 결론은 우리 자신의 사밀한 경험 밖의 감각자료에 호소해서는 안 된다는 것.

여기서 러셀은 엄밀히 말해 우리 자신 이외의 전체 세계가 꿈이 아니란 것을 진정으로 알 수는 없을 것이라고 시인한다. 우리가 실재의 참된 본성에 대해 기만당하고, 그 본성이 우리에게 드러나지 않는 것이 논리적으로는 가능하다는 것. "세계는 나 자신과 나의 생각, 느낌, 감각들로만 구성되어 있다고 가정하더라도 논리적 모순이 없기 때문이다."

이토록 '거북한 가정'이 잘못되었다고 입증할 방법은 없을지 모르겠지만, 참이라고 뒷받침할 근거도 없다. 그렇게 볼 때, '우리의 감각을 촉발시키는' 물리적 대상들이 우리와는 독립적으로 존재한다는 가정이 우리 자신의 삶을 단순하게 설명하는 방식이라는 이점을 가지고 있다.

우리의 추론에서 단순함이 얼마나 중요한지 일깨워주기 위해 러셀은 고양이의 움직임과 허기를 예로 들어 분석한다. 방 안의 한 지점에 있던 고양이가 다른 지점에 있는 모습을 보인다면 그 고양이가 이동했다고 생각하는 것은 '자연스러운' 가정이다. 그러나 고양이가 감각자료의 단순한 집합체에 불과하다면, 고양이는 '내가' 보지 못한 지점에는 전혀 존재하지 않은 것이 된다. 또 하나는 '내가' 쳐다보든 않든 고양이가 계속 존재할 가능성이다. 고양이가 계속 존재한다면, 그 고양이는 한 끼 먹이와 다음 먹이 사이에서 얼마나 배고픔을 느낄지 추론하는 것은 별 무리가 없다. 그런데 '내가' 고양이를 보지 않을 때는 존재하지 않는다고 한다면 고양이의 식욕이 순간적으로 생겨난다는 것인데, 상식에 어긋나는 설명이다. 나아가 고양이가 독립적으로 존재하지 않고 감각자료로만 구성되어 있다면 고양이가 배가 고파진다는 관념 자체는 도무지 납득할 수 없는 것이 된다. 이 견해에 따르면, 오로지 자기 자신의 배고픔만 감각자료로 경험할 수 있다. "고양이가 단지 감각자료인 색깔

조각들의 이동과 변화로만 간주될 때는 배고픔에 대한 표현은 전혀 설명할 수가 없다."

위와 같은 설명을 사람의 경우에 적용하면 그 어려움은 훨씬 더 커진다. 누군가 말하는 것을 들을 때 우리는 입술이 움직이는 모습이나 들리는 소리 같은 감각자료를 지각하면서 너무나 자연스럽게 그가 어떤 생각을 표현하고 있다고 믿는다. 왜냐하면, 우리가 그렇게 했다면 우리 생각의 표현이란 것을 알기 때문이다. 우리는 자신의 행동에 대해 생각하는 방식과 다른 사람의 행동을 지각하는 방식 사이에서 무의식적인 유추를 끌어낸다. 다시 말해, 그 사람이 독립적으로 존재하지 않는다고 상상하기는 어렵다.

여기서 러셀은 실재에 대한 우리의 관념이 단지 꿈꾸는 것일 수도 있다는 가정을 폐기한다. 우리는 꿈속에서 다른 사람들의 존재를 지각하고 잠에서 깨면 착각이란 것을 깨닫는다. 그러나 꿈의 내용은 '깨어 있을 때의 생활'에 의해 암시될 수 있으며, '물리적인 세계가 존재한다고 가정하면 과학적 원리에 의해 어느 정도 설명될 수 있다. 다시 말해, 꿈은 우리가 어쩌면 실재하는 사람들을 지각하는 현실을 모방한 것이라고 가정할 수 있다. 러셀은 비록 꿈의 사례가 언제든 '가벼운 의심'을 불러일으킬 것이라고 인정하면서도 그것을 통해 독립적인 실재가 좀더 단순한 가정임을 추론해낸다. 설명의 단순성의 원리 하나하나가 "우리 자신과 우리의 감각자료 이외에도 우리의 지각 작용과 독립적으로 존재하는 대상들이 실제로 있다"는 자연스러운 견해를 취하도록 우리를 인도한다는 것.

러셀은 단순한 견해가 자연스러워 보이는 이유를 검토하면서 단순성에 관한 주장을 마무리한다. 애초에 우리는 우리 자신 이외의 다른 사람들이 존재한다는 견해를 누군가가 확실하게 논증해 주었기 때문에 받아들이는 것이 아니다. 실재가 우리와 독립적으로 존재한다고 생각하는 것은 자연스러운 믿음이다. 우리는 '반성적 사유를 시작하자마자 그 믿음을 우리 자신 속에서 발견할 수 있기' 때문이다. 그것은 소위 '본능적 믿음'이다. 우리는 외부 세계가 우리의 감각자료와 일치하지 않기 때문에 외부 세계를 의심했을 뿐이다. 그러나 물리적 대상들은 여전히 우리의 감각자료에 대응하는 것처럼 보인다. 이 본능적 믿음은 어떤 어려움을 야기하는 것이 아니라 오히려 우리의 경험에 대한 설명을 단순화시키고, 따라서 꿈의 가정보다는 상식적인 가정을 받아들이지 않을 이유는 없는 것 같다.

러셀은 단순성에 입각한 상식이나 가정을 받아들이는 것이 썩 내키지 않을지언정 대부분의 철학적 논증이 취하는 방식이라면서 인식의 계층 구조에 대해 덧붙인다. "인식은 모두 우리의 본능적인 믿음을 근거로 구성되어야 한다. 만약 이 같은 근거가 거부된다면, 어떠한 인식도 있을 수 없다. 그러나 우리의 본능적 믿음들 가운데 어떤 믿음은 다른 믿음들보다 더 강한 경우가 있는 반면, 많은 믿음들은 실제로는 본능적이지 않은데도 본능적으로 믿어지는 믿음의 일부인 양 잘못 간주되는 다른 믿음들과 습관과 연합에 의해 얽힌다."

:풀어보기

러셀은 논의 과정에서 확실성에 대해 이야기하기 위해 데카르트의 체계적 회의 방법에 대해 잠시 논한다. "나는 생각하고 있다. 고로 나는 존재한다"라는 논증을 검토하면서 '나'라는 실체를 이해하는 문제에 대해 언급하는 것. "실재적인 자아는 실재적인 탁자만큼 이해하기 어렵고, 즉각적인 경험(감각자료)에 속하는 절대적이고 확신할 만한 확실성을 가지고 있는 것 같지 않다"는 러셀의 추론은 오늘의 우리가 어제의 우리와 진정 똑같은 사람이냐, 하는 근본적인 의문을 제기한다. 이런 의문은 이 저서의 제목에 걸맞은 난해한 문제지만, 자아의 실체에 대한 문제는 현재로서는 부차적인 논점이다.

2장의 숙고 과정에서는 '다른' 정신의 문제가 조용히 부각된다. 다른 대상들이 독립적으로 존재한다는 근거에 대한 탐구는 다른 사람들이 독립적으로 존재한다는 문제까지

포괄한다. 우리는 꿈을 꾸고 있을 뿐만 아니라 '혼자서 꿈을 꾸고' 있다. 우리가 실재의 위상에 대해 확신할 수 없다면, 다른 사람의 신체와 정신에 대해서도 확신할 수 없게 된다.

러셀이 지적하듯 실재가 단지 꿈이 아니라고 증명할 방법은 없지만, 그렇다고 그것이 꿈이 아니어야 할 이유도 없다.(여러분이 이 글을 읽으면서 꿈을 꾸고 있다는 것이 논리적으로 가능하다.) "우리는 어떤 다른 믿음을 근거로 하는 경우 이외에는 하나의 믿음을 거부할 이유를 가질 수 없다." 우리의 경험이 꿈을 꾸고 있는 것에 불과하다는 가정은 우리의 상식적인 가정이나 마찬가지로 참인 것 같지 않고, 그것이 참이라는 증거도 더 이상 없다. 우리는 다른 믿음을 입증할 근거가 없기 때문에 자연스럽게 우리의 상식적인 견해, 즉 외부 세계가 실제로 존재하고 있다는 믿음을 받아들이는 것이 좋을 듯하다.

2장의 끝부분에서는 신 플라톤주의적인 관념이 적나라하게 드러난다. 소크라테스와 플라톤은 진리의 체계는 본질적으로 일관적이며 우리는 그 일관성을 추구하면서 잘못된 믿음들을 거부한다고 믿었듯이 러셀도 마찬가지다. "철학이란 우리의 아주 강한 믿음들로부터 출발하여 가능한 각 믿음에서 부적절한 첨가물을 많이 분리하고 배제시켜 제시하는 본능적 믿음들의 계층 구조를 보여주어야 하며… 그 최종적인 형태는 우리의 본능적 믿음들이 서로 충돌하지 않고 조화로운 체계를 형성한다는 것을 보여주어야 한다. 본능적 믿음들은 다른 믿음들과 충돌하는 경우 이외에는 결코 거부할 이유가 있을 수 없다. 따라서 그 믿음들이 조화롭다는 것이 발견되면, 그것에 근거한 전체 인식 체계는 받아들일 만한 가치가 있다." 그는 철학과 인식의 '체계적인 조직화'를 옹호하고, 우리의 오류 가능성은 여전히 남아 있지만 인식 각 부분들의 상호 관련성과 비판적 탐구에 의해 '줄어든다'고 말한다.

"전체 외부 세계는 한낱 꿈에 불과하다"는 러셀의 가정은 이후의 여러 철학자들도 외적인 표현만 바꿔 계속 제기하고 있으며, 우리의 경험은 있는 그대로의 실재와 다르다는 의미의 거짓된 실재의 관념은 영화 *The Matrix*에도 나타난다.

Chapter 3
물질의 본성

러셀은 "우리와 우리의 경험과는 독립적인 어떤 것이 존재한다"는 일반적인 믿음의 합리적 근거를 확립했다. 우리가 눈을 감아도 탁자는 여전히 존재하며, 우리의 감각자료는 우리의 지각과는 독립적으로 존재하는 그 탁자의 표지라는 믿음을 인정한다는 것. 3장에서는 드디어 1장부터 미뤄왔던 근본적인 문제에 대해 묻는다. "내가 지각하든 않든 독립적으로 계속 존재하는 실재적인 탁자의 본성은 무엇인가?"

물리학은 빛, 열, 소리 같은 자연 현상을 '파동 운동'이라고 간단히 정리한다. 물질로 이루어진 물체는 파동을 발하고, 그 파동이 그것을 보고 느끼고 듣는 사람에게 전달된다는 것. 그 발원 물체에 속하는 유일한 속성들은 "공간에서의 위치와 운동 법칙에 따른 운동력이다." 러셀은 빛, 열, 소리에 관한 과학적 견해와 우리의 자연스러운 견해를 비교한다. 자연스런 견해에 의하면, '우리가 즉각적으로 보고 감각을 통해 직접 인식하는 빛은 파동 운동의 한 형식이 아니라' 장님이 아니라면 우리 모두가 직접 인식할 수 있는 어떤 것이다. 빛에 대한 우리의 경험은 장님에게 빛의 의미를 전달하려고 노력하면서 묘사할지 모르는 내용들과는 근본적으로 다르다. 물론, 장님도 파동 운동의 과학적 정의를 이해할 수 있고, 촉각을 통해 공간을 인지하거나 항해를 통해 파동 운동을 지각할지도 모르지만, 말로는 결코 설명할 수 없는 우리가 직접 인식하는 것은 인식할 수 없다. 확실한 이해는 사물의 본성을 설명하는 데 기본이 되는 중요한 기준이다.

러셀은 과학적 견해와 직접적인 경험에서 나오는 견해의 차이를 밝힌다. 과학적 견해에 따르면, 흔히 우리가 '직접적으로 인식한다'고 말해질 수 있는 것은 실제로 외부 세계를 인식하는 경우가 아니다. 우리가 경험하는 빛의 현상은 외부 세계에서는 발견될 수 없는 것이다. 빛은 '빛을 쳐다보는 사람의 눈과 신경, 두뇌에 영향을 미치는 어떤 파동의 작용에 의해 생겨난다. "빛은 파동이다"라는 진술은 실제로는 파동이 빛에 대한 우리의 경험을 불러일으킨다는 뜻이다. 파동은 우리의 감각과는 독립적인 세계에 존재하며, 빛의 개념은 어쨌든 파동에 대한 우리의 경험으로 이루어진다. 유사한 관계는 다른 종류의 감각들에도 적용된다. 색깔과 소리도 경험의 현상이며, "과학적인 물질의 세계로부터 배제된다".

알다시피 공간도 과학적인 물질의 세계로부터 배제된다. 우리가 눈으로 인식하는 공간과 촉각으로 인식하는 공간은 다르다. 우리는 어릴 때의 경험을 통해 눈으로 보는 사물들에 접촉하는 방법이나 우리와 접촉했다고 느끼는 사물들을 보는 방법을 배웠다. 그러나 과학에서의 공간은 하나의 통합된 공간으로서 시각과 촉각에 대해 '중립적'이며, 따라서 '우리가 느끼거나 볼 수 있는 공간'과 같을 수 없다. 예를 들면, 우리가 동그랗다고 판단하는 동전은 사실 정면에서 쳐다볼 때가 아니면 타원형으로 보인다. 동전이 동그랗다는 판단은 실재적인 모양에 관한 것이지 현상에 관한 것이 아니며, 우리에게 보이는 모양이 아니라 그 자체에 내재하는 모양을 동전에 귀속시킨 것이다. 그러나 과학은 실재적인 공간에 존재하는 실재적인 모양에 관심을 갖는다. 똑같은 동전도 우리의 사밀한 공간에서는 다른 모양을 갖는 것처럼 보이지만, 누구나 인지할 수 있는 공개적인 공간에서는 일관된 모양으로만 나타난다. 이 두 종류의 공간은 연계된다 하더라도 같은 것이 아니며, 그 연계 방식은 좀더 탐구할 필요가 있다.

하나의 실재적인 공간과 눈에 보이는 공간의 연관성, 그리고 실재적인 사물과 그 사물이 우리에게 보이는 모습의 연관성을 명료하게 설명하기 위해 러셀은 앞선 논증의 오류들을 다시 상기시킨다. 3장에서는 지금까지 물리적 대상들은 우리의 감각자료와 정확히 일치하지 않지만, 우리의 감각을 야기하는 것 같다는 점을 잘 이해하게 되었다. 물리적 대상들은 물리적 공간을 점유하기 때문에 우리의 감관도 이것들과 접촉할 경우에는 똑같은 물리적 공간을 점유하게 된다고 인정해도 합리적인 듯하다. 예를 들면, 물리적 공간 내에서 우리의 눈과 어떤 대상 사이를 가로막는 불투명한 물체가 없다면 우리는 그 사물을 보고 있다고 말할 수 있다. 마찬가지로 어떤 대상이 우리 신체와 직접 접촉하거나 상대적으로 적절한 위치를 물리적 공간 내에 갖고 있으면, 우리는 소리나 냄새, 맛을 포함한 모든 감각을 느낄 수 있다. 이처럼 우리의 감각은 주로 우리 자신과 대상의 상대적인 위치에 달려 있다.

따라서 과학과 상식이 가정하듯 '만약 물리적 대상이 존재하고 그 모든 것을 포함하는 하나의 물리적 공간이 있다면', 우리는 우리의 사밀한 감각자료로부터 바깥의 물리적 공간에 대응하는 외부 세계의 지도를 구성해낸다. 이처럼 실재적인 공간 속의 공간적 관계들이 우리가 사밀한 경험을 통해 인식하는 것과 대응한다고 믿는다면, 우리는 물리적 공간 자체가 아니라 대응한다는 의미의 물리적 공간에 관해 인식할 수 있을 뿐이라는 점에 주목해야 한다. 비록 '감각자료에 대응하는 것을 유지하기 위해 요구되는 공간적인 관계들의 특성들'에 대해서는 알 수 있지만, '그 사이에서 관계들을 맺고 있는 항목들의 본성에 대해서는 알 수 없다'는 것.

시간에 대한 경험을 보자. '시간의 흐름에 대한 우리의 느낌'은 '시계가 표시하는' 실제 시간과는 너무나 다르다. 고통스럽거나 지루한 시간은 아주 천천히 흘러가지만, 재미나거나 바쁜 시간은 후딱 지나가고 잠잘 때는 시간이 거의 없는 것 같다. 따라서 공개적인 공간과 사밀한 공간처럼 공개적인 시간과 사밀한 시간도 구별해야 한다. 사건들이 일어나는 '시간의 순서'에 대한 우리의 지각은 실제의 순서와 일치하는 것 같다.

'감각자료와 그것의 물리적 대상' 사이에 대응 관계가 존재한다면, 빨강색과 같은 어떤 성질에 대한 지각은 어쨌든 그 대상에 달려 있는 것이라고 판단해도 무리가 아니다. 그러나 우리는 그 물리적 대상에 대해 그것 이외에는 아무것도 모른다. "비록 물리적 대상들의 관계들은 감각자료와의 대응 관계로부터 파생되어 인식할 수 있는 모든 종류의 특성을 갖는다고 하더라도, 그 대상들 자체의 내재적인 본성은 최소한 감각을 통해 발견될 수 있는 범위 내에서는 알려지지 않은 상태로 남아 있다."

　　러셀은 인정할 만한 가장 자연스러운 가정은 물리적 대상들이 우리의 감각자료와 정확히 일치하지는 않지만 다소 비슷해 보일 것이란 사실을 인정한다. 이 견해에 따르면, 우리는 물리적 대상들은 실제로 색깔을 갖고 있을 것이며, 아마 다행스럽게도 우리는 그 대상들이 그 색깔을 가진 것으로 보게 되리란 것이다. 그런데 러셀은 그 가정은 '궁극적으로 가장 옹호될 수 있는 것은 아니다'면서, 물질의 본성을 분석하는 다른 철학적 시도들에 대한 언급으로 끝을 맺는다. 그 표적은 '물질로 보이는 것은 실제로는 정신적인 것'이라는 관념론이다.

　　3장에서는 세계를 둘로 나눠 파악하는 이분법의 한 예로 물질의 과학적 세계와 경험의 세계를 명확히 구분한다. 여기서 나타나는 러셀의 지각 이론이 지닌 한 가지 특징은 우리가 물리적 세계와 '적절한 관계'에 있을 때 실재를 파악하게 된다는 관념이다. 우리는 실재를 간접적으로 이해하는데, 어떤 부분에서는 직접적 실재론을 옹호하는 오늘날의 철학 사조와는 구별되고 대립적일 수 있다.

Chapter 4
관념론

관념론은 "존재하는 것은 무엇이든, 또는 어쨌든 존재한다고 인식될 수 있는 것은 무엇이든 어떤 의미에서건 정신적인 것이다"라고 믿는다. 이런 주장은 탁자나 태양 같은 일상적이고 물리적인 대상들은 소위 우리의 '정신'이나 '사유'와는 전혀 다른 어떤 것으로 이루어져 있다는 우리 상식과 대립한다. 우리는 외부 세계가 독립적이며, 물질로 이루어진 물리적 사물들을 보유하고 있다고 생각한다. 그 상식에 비하면, 관념론은 아무래도 믿기가 어렵다. 러셀은 3장에서 비록 물리적 대상들과 감각자료 사이에 대응하는 것이 있더라도 그 대상들이 존재하는 방식은 감각자료의 개념과는 아주 다르다고 주장했다. 이 관계뿐만 아니라 우리의 상식도 외부 세계의 실재적 본성을 인식할 수 있는 직접적인 방편은 될 수 없다. 그런 면에서 볼 때, 상식과 어긋난다고 해서 관념론을 거부하는 것은 성급한 태도다.

4장에서는 관념론의 구축 근거를 검토하면서 전반적으로 타당하다고 할 수 있는 논증들에 의해 관념론을 증명했던 버클리 주교의 논증부터 시작한다. 즉 감각의 대상들인 감각자료는 우리가 듣거나, 맛보거나, 보거나, 지각하는 행위를 멈추면 더 이상 존재하지 않기 때문에 우리와는 독립적인 존재를 갖는다고 전제될 수 없으며, 적어도 어떤 부분에서는 정신 속에 존재해야 한다는 것. 러셀은 버클리의 사유가 대부분 '타당하다'면서도 일부는 그렇지 않다고 지적한다. 더 나아가 버클리는 감각자료야말로 우리의 지각들이 그 존재를 우리에게 보장해 주는 유일한 사물들이며, 인식될 수 있는 것은 정신 속에 있는 것이고 따라서 정신적인 것이라고 주장했다. 그 결과, 실재는 어떤 정신의 산물이며, 내 정신 속에 있지 않으면서 인식될 수 있는 것은 모두 어떤 다른 사람의 정신 속에 있어야 한다는 것이다.

버클리는 감각자료의 요소들, 즉 즉각적으로 인식될 수 있는 어떤 것들만 '관념'이라고 불렀기 때문에 우리가 보거나 듣는 특정한 색깔이나 소리도 관념이다. 기억되거나 상상되는 사물들도 정신의 작용 방식에 의해 즉각적으로 인식될 수 있으며, 역시 관념이라고 불린다. 버클리에 따르면, 나무 같은 사물은 누군가가 지각하기 때문에 존재한다. 지각된 것을 배제하면, 나무에 대해 실재적인 어떤 것이 존재한다고 가정할 근거는 전혀 없다. 여기서 "사물의 존재

(*esse*)는 지각되어짐(*percipi*)에 있다"는 유명한 철학적 관용구가 도출된다. 즉 나무의 존재는 지각되어짐에 있다는 것. 그러나 그 나무를 지각하는 사람이 없다면 어떻게 되는가? 물론, 버클리도 인간과 독립적인 외부 세계에 대한 믿음을 인정했다. 세계와 세계 속의 모든 것은 신의 정신 속에 있는 관념이며, 소위 실재적인 사물은 신이 그것을 계속 지각하고 있기 때문에 존재한다는 것. 우리의 모든 지각은 신의 지각을 나눠 갖고 있으며, 각기 다른 사람들이 여전히 같은 감각 내용을 갖는 대상을 지각할 수 있는 것은 이러한 관념을 나눠 갖고 있기 때문이다. 따라서 이런 '관념'을 떠나서는 이 세상에 아무것도 존재할 수 없고, 관념 이외의 어떤 것이 인식될 수도 없다.

　　러셀은 '관념'이란 용어를 논의하면서 버클리의 관념론이 지닌 오류를 밝힌다. 버클리는 관념론에 대한 논증을 쉽게 믿도록 하기 위해 관념이란 말을 썼다. 어쨌든 우리는 관념을 정신 속에 본래 있는 어떤 것이라고 생각하기 때문에 나무가 관념이란 말을 듣게 되면 말 그대로 나무는 전적으로 정신 속에 존재하는 것이 틀림없다고 가정하게 된다. 그러나 정신 '속에' 존재하는 어떤 것이란 개념이 모호하다. 우리가 어떤 개념이나 사람을 생각한다고 말할 때는 그 개념이나 그 사람에 대한 생각이 우리 마음속에 있다는 뜻이지 그것들 자체가 우리 속에 있다는 뜻은 아니다. "따라서 우리가 나무를 인식할 수 있다면 그 나무가 우리의 정신 속에 존재해야만 한다는 버클리의 말은 실제로는 그 나무에 대한 생각이 우리 정신 속에 있어야만 한다고 말해야 옳다." 결국 버클리가 전하는 의미는 매우 혼란스럽다. 러셀은 먼저 감각자료와 물리적 세계에 관해 제기되는 문제들을 풀려고 한다. 버클리는 감각자료의 개념을 그 존재를 우리에게 의존하는 주관적인 것으로 취급했으며, '우리에게 즉각적으로 인식될 수 있는' 것은 무엇이든 하나의 정신 속에 반드시 존재해야 한다는 것을 증명하려고 노력했다. 그러나 감각자료의 의존성에 대한 견해는 그 증거로 이어지지 못했다. 오히려 버클리가 증명해야 할 것은 "사물들은 인식됨으로써 정신적인 것으로 보이게 된다"는 점이다.

러셀은 버클리 주장의 타당성을 검토하기 위해 관념의 성격에 대해 계속 논한다. 버클리는 '관념'이란 똑같은 말로 두 가지, 즉 러셀이 예시했던 탁자처럼 우리가 인식하게 되는 사물과 그 사물을 파악하는 정신 작용을 가리키고 있다. 정신 작용은 분명히 정신적인 것으로 보이지만, 인식하게 되는 사물은 전혀 정신적인 것 같지 않다. 버클리는 '관념'의 두 가지 의미를 자연스레 하나인 것처럼 만들고 있다. 우리는 파악 작용이 정신 속에서 일어난다는 것에 동의하며, 그것을 통해 우리가 파악하는 사물은 관념이고 또한 정신 속에 있다는 다른 의미의 이해에 도달하게 된다. 러셀은 이처럼 교묘한 추론을 '무의식적인 얼버무림'이라고 부른다. 결국 우리가 파악할 수 있는 것은 우리 정신 속에 존재해야만 한다고 믿는 것은 버클리의 논증이 갖는 '근본적인 오류'라고 할 수 있다.

'관념'의 의미를 이용하여 작용과 대상을 구별했던 러셀은 다시 구별에 관한 문제로 돌아온다. 인식을 획득하는 우리의 전체적인 능력이 그 문제와 깊이 연관되어 있기 때문이다. 어떤 대상들을 알고 직접 대면하게 되는 것은 정신과 정신 이외의 어떤 사물과의 관계 속에서 성립한다. 만약 우리가 인식한 대상들은 정신 속에만 존재해야 한다는 버클리의 주장에 동조한다면, 인식을 획득하는 인간의 능력을 제한하는 것이 된다. 그리고 '정신 속에'라는 말을 마치 '정신과 대면하여', 즉 정신에 의해 파악되어짐이란 의미로 사용한다면, 하나의 항진명제*를 말하는 것이지만, '정신과 대면하여' 있는 것은 정신적인 것이 아니므로 정신 속에 존재하는 것이 아니라는 모순된 결론으로 이어진다. 이렇게 인식 자체의 본성을 깨닫게 되면, 버클리의 논증은 그 형식뿐만 아니라 실질적 내용에서도 오류라는 것이 드러난다. 따라서 관념론을 옹호하는 버클리의 논증은 버려야 한다.

---

* **항진명제**(恒眞命題, tautology): 명제의 구조나 그 명제를 구성하고 있는 단어들의 의미에 의해 항상 진리가 되는 명제.

러셀은 관념론의 가정을 논박하는 한편, "우리의 경험과 어떤 식으로든 관계를 갖고 있는 것은 무엇이든 적어도 우리가 인식할 수 있다"와 "우리에게 중요하지 않은 것은 실재할 수 없다"는 추론에 대해서도 반박한다. 이처럼 잘못된 인식을 거부하는 즉각적인 이유는 인간이 '실천적' 인식과 '이론적' 인식 양쪽에 대해 자연스러운 관심을 갖기 때문이다. 실재하는 모든 것은 '우주에 관한 진리를 인식하고 싶어하는' 지성과 자연스럽게 연관된다. 따라서 인식에 대한 인간의 관심이 경험과 관련된 인식에만 국한된다고 생각할 이유가 없다. 인식될 수 있는 것은 무엇이든 인식의 실천과 관련된 것이지 그 반대가 아니다.

러셀은 "우리가 인식하지 못한 어떤 사물이 존재한다는 사실을 우리는 결코 인식할 수 없다"는 언명이 거짓에 불과하다면서, '인식한다'는 낱말의 두 가지 의미를 구별한다. 첫 번째는 우리가 어떤 것이 참이란 것을 인식한다는 의미, 즉 소위 우리의 판단이나 믿음에 적용되는 의미이고 진리에 관한 인식이다. 두 번째는 사물들을 인식할 때 적용되며, 소위 직접 대면에 의한 인식이다. 이 경우는 감각자료를 인식할 때의 의미다.

그러나 우리는 또 다른 종류의 인식을 가질 수 있다.

즉 어느 누구도 직접 대면하여 인식하지 못한 어떤 사물의 존재를 내가 인식할 수도 있다. 내가 어떤 것을 직접 대면했다면, 나는 그것이 존재한다는 인식을 갖게 된다. 그러나 "어떤 종류의 사물이 존재한다는 것을 내가 인식할 수 있을 때마다, 나 또는 다른 누군가가 반드시 그 사물과 직접 대면하여 인식해야만 된다"는 것은 참이 아니다. 내가 직접 대면에 의한 인식 없이도 참된 판단을 내릴 수 있는 경우는 어떤 사물이 간접적으로 기술구(記述句)에 의해 인식될 때다. 그리고 어떤 일반 원리에 의해 이 같은 기술구가 지시하는 어떤 사물의 존재가 내가 직접 대면하여 인식한 어떤 것의 존재로부터 추론될 수 있는 경우에도 그 사물의 존재에 대해 참된 판단을 내릴 수 있다. 이러한 점을 제대로 이해시키기 위해 5장에서는 직접 대면에 의한 인식과 기술구에 의한 인식에 대해 논한다.

현대 언어철학자들처럼 러셀은 '관념'과 '인식한다'란 낱말이 평범한 화자(話者)들의 삶 속에서 수행하는 역할에 초점을 맞춘다. 러셀은 특히 버클리의 관념론에 대한 분석을 통해 어떤 의문이나 구절의 문법 형태로 말미암아 오류에 빠질 수 있는 경향을 파헤침으로써 철학적 혼동을 피하고, 그 과정에서 언어의 구조를 통해 세계의 구조에 관한 뜻있는 통찰력을 얻는다.

Chapter 5
직접 대면에 의한 인식과 기술구에 의한 인식

인식에는 두 종류, 즉 사물들에 대한 인식과 진리들에 대한 인식이 있다고 언급한 러셀은 5장에서 사물들에 대한 인식을 구체적으로 살펴본다. 사물들에 대한 인식에도 두 종류, 즉 직접 대면에 의한 인식과 기술구에 의한 인식이 있다. 우리가 어떤 유추 과정을 통하지 않고 어떤 사물을 직접 지각할 때는 직접 대면에 의한 인식을 얻는다. 눈 앞에 있는 탁자의 색깔이나 단단함, 즉 감각자료는 직접 대면하고 즉각적으로 의식할 수 있는 것이다. 사물들과의 직접 대면은 진리들에 관한 인식과는 논리적으로 무관하다. 따라서 어떤 사물에 대한 진리를 인식하지 않고서도 즉각적으로 그 사물을 직접 대면할 수 있다. '나'는 탁자의 색깔을 볼 때, 색깔 자체의 진리에 대해서는 모르면서도 '그 탁자의 색깔을 완전하고 완벽하게' 인식할 수 있다. 반면, 우리가 하나의 물리적 대상으로서 탁자를 인식하는 것은 즉각적이고 직접적인 인식이 아니라 기술구에 의한 인식이라고 한다. '그렇고 그런 감각자료를 촉발시키는 물리적 대상'이란 말은 감각자료에 의해 탁자를 기술하는 구절이다. 기술구에 의한 인식은 우리가 직접 대면하는 어떤 것, 감각자료, 그리고 "그렇고 그런 감각자료는 물리적 대상에 의해 촉발된다"는 등의 진리에 대한 인식에 근거한다. 따라서 기술구에 의한 인식은 우리에게 인식될 수 있는 사물들, 우리가 직접 대면하는 사물들을 통해 실제 세계에 대한 인식을 추론할 수 있게 한다.

　이 같은 개요에 의하면, 직접 대면에 의한 인식은 다른 모든 인식의 기반이 된다. 우리가 즉각적으로 직접 대면할 수 있는 사물들의 유일한 예는 감각자료만이 아니다. 만약 우리가 감각들을 통해 현존하는 것만 인식할 수 있다면 과거를 어떻게 회상할 수 있겠는가? 감각자료 이외에 '기억에 의한 직접 대면'이 있다. 우리가 즉각적으로 의식했던 것을 기억해내면 우리는 지금도 과거에 지각했던 사물을 즉각적으로 인식할 수 있다. 이처럼 기억에 의한 즉각적 인식은 과거에 대한 우리의 모든 인식의 근원이 된다. 또 하나 '내성(內省)에 의한 직접 대면'도 있다. 우리는 사물들을 의식할 뿐만 아니라 그 사물을 의식하고 있는 자신을 의식할 수 있다. 우리가 배고픔을 느낄 때, '음식에 관한 욕구'는 직접 대면의 대상이 된다. 자의식이라고 불리는 내성적인 직접 대면은 우리 정신과의 직접 대면이다. 그러나 이 자의식은 우리 자신에 대한 의식이 아니라 어떤 느낌이나 개별적인 사유에 관한 의식이다. 우리가 우리 자신을 알아보려고 할 때는 항상 어떤 사유나 느낌을 떠올리지 그 주체인 '나'를 곧바로 떠올리는 것 같지는 않다. 따라서 자아에 대한 인식은 개연적이긴 해도 불확실한 차원의 직접 대면이라고 할 수 있다.

존재하는 사물들과의 직접 대면은 다음과 같이 요약할 수 있다. "우리는 감각을 통해 외부의 감각자료와 직접 대면하고, 내성을 통해 생각이나 느낌, 욕구 같은 소위 내적인 감각자료와 직접 대면하며, 기억을 통해 외부 감각자료나 내부 감각자료가 되는 사물들과 직접 대면한다. 게다가 사물들을 의식하거나 욕구하는 것과 같이 우리가 자아와 직접 대면한다는 것은 확실하지는 않더라도 개연성은 있다." 이 같은 직접 대면의 모든 대상들은 개별적이고, 구체적이고, 존재하는 사물들이다. 그러나 우리는 보편자라는 추상적이고 일반적인 관념들과도 직접 대면한다는 점에 유의해야 한다. 보편자에 관해서는 9장에서 자세히 논한다.

5장의 나머지 부분에서는 기술구에 의한 인식 이론이 어떻게 작동하는지 설명한다. 기술구에 의해 인식되는 사물들 가운데 가장 두드러지는 것은 물리적 대상들과 다른 사람들의 정신이다. 기술구에 의한 인식을 갖는 상황은 우리가 '비록 어떤 대상과 직접 대면하지는 못하더라도 어떤 한정적인 기술구에 대응하는 그 대상이 존재한다는 것'을 인식할 때다. 우리의 언어 사용은 한정적 기술구에 의한 인식에 크게 의존하고 있기 때문에 이것을 제대로 이해해야 한다. 우리가 어떤 일상적인 단어나 고유명사를 들먹일 때는 기술적인 인식 속에 내포된 그 의미에 의존한다. 즉 고유명사를 사용하는 사람의 생각은 우리가 그 고유명사를 기술구로 대체할 때만 명확히 표현될 수 있다.

예를 들어, 비스마르크에 대한 어떤 언명을 생각해 보자. 자기 자신과의 직접 대면 같은 것이 존재한다고 가정하면, 비스마르크는 그가 직접 대면한 개별적인 사람을 가리키기 위해 자신의 이름을 직접 사용했을지 모른다. 이 경우 "그 고유명사는 항상 원하듯이 어떤 대상에 대한 기술구가 아니라 그 대상을 단순히 지시하는 직접적인 용법으로 쓰이고 있다." 반면, 비스마르크를 알고 있는 사람이 그에 대해 판단할 경우라면, 그 사람은 기술구에 의한 인식을 가졌다고 말할 수 있다. 그가 직접 대면하는 것은 비스마르크의 신체에 대응한다고 추론하는 감각자료다. 물리적 대상으로서의 비스마르크의 신체와 정신도 '이 같은 감각자료들과 연계된 신체와 정신으로서 인식될 뿐이다. 즉 그것들은 기술구에 의해 인식된다. 그런데 비스마르크에 상응하는 감각자료는 순간순간 그리고 관점에 따라 바뀌기 때문에 그의 마음속에 있는 기술구들은 우연적이다. 중요한 사실은 그가 어떤 실제 대상과 직접 대면하지 않았더라도 다양한 기술구들이 같은 대상에 모두 적용될 수 있다는 것을 알고 있다는 점이다.

비스마르크를 알지 못하는 우리가 그에 관해 어떤 판단을 내리게 될 때, 우리의 진술은 '다소 모호한 분량의 역사적 인식'에 근거한 기술구가 될 것이다. 우리는 비스마르크가 '독일 제국의 초대 총리'였다고 말한다. 우리는 물리적 대상인 비스마르크의 신체에 적용할 수 있는 타당한 기술을 하기 위해 우리가 직접 대면하는 어떤 개별자와 간접적으로 대면하기를 바라는 개별자인 물리적 대상 사이의 관계를 찾아내야 하고, 하나의 의미 있는 기술구를 확보하려면 그러한 언급이 있어야 한다.

러셀은 보편자들과 개별자들을 유용하게 구별하기 위해 보편자들로만 이뤄진 기술구 '가장 오래 살았던 사람'을 예로 든다. 우리는 이 사람에 대해 이 기술구가 제공하는 내용의 범위 이상은 판단할 수 없다. "진리에 대한 모든 인식은 감각자료와는 본질적으로 성격이 다른 사물들과의 직접 대면을 필요로 한다. 그 사물들은 때때로 '추상적 관념들'이라고 불리지만 우리는 '보편자들'이라고 부르겠다." 보편자들로만 구성된 기술구는 '가장 오래 살았던 사람'에 대한 추론이 근거할 수 있을지 모를 직접 대면에 의한 인식을 제공하지 못한다. "독일 제국의 초대 총리는 명민한 외교관이었다"라는 언명은 개별자들을 포함하고 있으며, 우리가 직접 대면하여 얻은 어떤 것—그에 대해 들었거나 글을 통해 읽은 증거들—에 의해 그 판단의 참을 확신할 수 있다.

기술구에 의해서만 인식되는 사물들에 대한 언명은 우리 언어 속에서 '기술된 실제 사물'에 대한 언명으로서 기능한다. 즉 우리는 비스마르크에 대해 그가 직접 대면한 어떤 것, 그만이 자신에 대해 언급할 수 있는 직접적 권위를 지닌 어떤 것을 말하려는 경향이 있다. 그런데 우리가 언급하려는 것과 관계있는 개별자들은 직접 대면의 정도 면에서 차이가 있다. 비스마르크 자신의 입장에서 볼 때는 "그를 알았던 사람들의 눈에 비치는 비스마르크와 역사 공부를 통해 그를 알고 있을 뿐인 사람들의 눈에 비치는 비스마르크가 있다." 그런가 하면 직접 대면의 차원에서는 '가장 오래 살았던 사람'을 접하는 경우가 가장 멀리 떨어져 있다. 따라서 후자에 대해서는 보편자들로부터 논리적으로 연역될 수 있는 진술을 할 수 있을 뿐이지만, 전자에 대해서는 직접 대면에 가까울 정도로 접근할 수 있고 실제 대상을 밝히는 많은 진술을 할 수 있다. 이제 기술구에 의한 인식이 어떻게 직접 대면에 의한 인식처럼 될 수 있는지 분명해졌다. 러셀은 기술구에 의한 인식의 이 같은 특성을 '기술구를 포함하는 명제들'에 대한 연구에서 근본적 원리라고 부른다. "우리가 이해할 수 있는 모든 명제는 전적으로 우리가 직접 대면한 요소들로 이루어져야만 한다."

만약 우리가 흔히 사용하는 단어들에 대해 어떤 의미를 부여하려 한다면, 어떤 개별자들에 대한 간접적 인식이 필요한 것 같다. 만약 우리가 줄리어스 시저에 대해 말한다면, 우리는 그를 직접 대면하지 못하고 다만 '3월 15일에 암살당한 사람' 또는 '로마 제국의 건국자' 같은 기술구를 생각할 것이다. 우리는 시저를 직접 대면할 방도가 없기 때문에 기술구에 의한 간접적 인식은 '우리가 겪은 적이 없는 것'에 대한 인식을 얻게 해주고, 우리에게 사밀하고 직접적인 경험의 경계를 벗어나게 해주며, 공개적인 인식과 공개적인 언어를 끌어들일 수 있게 해준다.

:풀어보기

직접 대면에 의한 인식과 기술구에 의한 인식 이론은 러셀에게는 인식론적인 문제들을 풀어주는 열쇠였다. 그는 이러한 혁신적인 사고방식을 통해 대상들의 좀더 한정적인 범주화에 의해 규율되는 온건 실재론으로 옮겨갔다. 우리의 언어생활이 의미 있고 상세히 분석할 가치가 있도록 숙고하는 것이 인식 이론이다. 러셀은 우리가 직접 경험하지 않은 대상들에 대해 어떻게 의미를 구축하는지에 대해 고찰한다. 직접 대면의 영역은 우리가 세상을 이해하는 데 가장 확실한 근거를 제공한다. 기술구에 의한 인식은 직접 대면의 영역으로부터 추론을 이끌어내게 해주지만, 우리를 취약한 입장에 빠트린다. 기술구에 의한 인식도 진리들에 의존하기 때문에 우리가 진리라고 받아들인 명제를 오해한다면, 그 인식에 대해서도 오류를 범하기 쉬운 것.

물론, 기술구에 의한 인식에 관한 러셀의 가설이 혼란스럽다는 비판도 있다. 러셀은 감각자료의 정의를 내리면서 물리적 세계는 인식될 수 없다는 식으로 말하는데, 기술구에 의한 인식 이론과 모순된다. 우리는 직접 대면하는 사물들을 인식할 수 있을 뿐이고 물리적 사물들은 직접 대면할 수 없기 때문에 '기술구에 의한 인식'은 사실상 인식의 유형이 아니라고 암시하는 그의 이론은 정신적인 대상들과의 직접 대면은 물리적인 대상들과 에두른 방식으로 관련된 것처럼 보이고 우리를 물리적 세계와 간접적으로 대면하게 만든다. 감각자료는 외부 세계에 대한 우리의 주관적인 표지이고, 이 같은 간접 접촉을 이끌어낸다.

기술구에 의한 인식 이론은 비록 혁신적이기는 해도 매혹적이지는 않다. 그의 견해에 의하면, 실재적인 세계에 대한 우리의 인상은 실재에 대한 모호한 표지와 같은 정도이기 때문. 비록 우리는 이것들을 직접 접할 수 있지만, 실재에 대한 어떤 종류의 직접 경험은 불가능해 보인다. 실재는 오히려 추론의 무의식적이고 추리적인 부분들에 있다.

Chapter 6
귀납에 대하여

    6장에서는 귀납에 의한 인식, 좀더 구체적으로는 귀납의 타당성과 그것을 이해할 수 있는 우리의 역량에 대해 논의한다. 귀납의 원리는 러셀이 우리가 직접 대면할 수 없는 것들에 관한 인식을 논의할 때 초석 역할을 한다. 러셀은 지금까지 우리가 감각자료를 직접 대면하고 개연적으로 우리 자신을 직접 대면하며, 과거의 감각자료는 기억을 통해 과거에 실재한 것으로 인식된다는 견해를 확립했다. 우리는 즉각적인 경험의 범위를 넘어 우리의 이해를 확장시키기 위해 추론한다. 그리고 이런 방식을 통해 직접 대면의 영역 밖에 있는 사물들, 이를테면 물리적 대상들, 물질, 다른 사람들, 우리의 개별적인 기억이 시작되기 전의 과거, 다른 방식으로는 인식할 수 없는 것들에 접근한다. 추론은 일반 원리들에 의존한다. 하나의 추론을 하려면, 우리는 '어떤 한 종류의 사물 A의 실재는 동시 혹은 조금 빠르거나 늦게 어떤 다른 종류의 사물 B의 실재에 관한 표지'임을 반드시 알아야 한다. 예를 들면, 천둥소리는 이미 존재한 번개의 실재에 관한 표지다. 추론에 따른 판단들은 매일 일어나며, 비록 그것들의 정확성을 증명할 수는 없더라도 우리의 사밀한 경험을 넘어 인식을 유용하게 확장시킨다.

우리 모두는 해가 내일 다시 떠오를 것이라고 확신한다. 왜 그렇게 믿을까? 이런 믿음의 타당성 여부를 판단할수 있는 시험 수단을 찾기는 쉽지 않다. 만약 왜 내일 해가뜰 것이라고 믿느냐는 질문을 받게 되면, 우리는 자연스럽게 '지금까지 날마다 해가 떴기 때문에 내일도 해가 뜰 것'이라고 대답한다. 과거를 토대로 미래를 예상하는 것. 만약 그렇게 믿는 이유를 다시 질문한다면, 운동의 법칙에 호소할지 모른다. 자전하는 물체는 외부로부터 어떤 것이 그 운동을 방해하지 않으면 항상 똑같이 계속 움직인다는 것. 그렇다면, 운동의 법칙이 오늘부터 내일까지 이어진다고 가정할 이유는 무엇인가?

그 이유는 과거에 관한 인식에 근거하여 판단한다면 운동 법칙들은 계속 유지된다는 것이다. 우리의 인식에 따르면, 운동의 법칙은 중단된 적이 없기 때문이다. 그러나 "법칙에 따른 사건들은 과거에 얼마만큼 이루어져야 미래에도 과거처럼 이루어질 것이라는 증거를 제공할 수 있는가?" 만약 그 증거를 제공하지 못한다면, 우리는 내일 다시 해가 뜬다고 기대할 만한 근거를 갖지 못한다는 것이 분명해진다. 우리가 다음 끼니에 먹을 빵에 독이 없다는 기대처럼 우리의 일상적인 삶을 지배하는 무의식적인 기대에 대한 불확실성은 생각하고 싶지 않은 가능성이다. 우리의 일상에 대한 모든 기대는 본질적으로 확실한 것은 아니고 개연적으로 보일 뿐이다. 따라서 우리의 기대들이 이루어지는 것이 틀림없다고 증명할 필요는 없으며, 이루어질 개연성이 있다는 견해에 대해서는 어떤 근거를 찾아야 한다.

　일정한 현상의 연속이나 공존이 자주 반복되면 미래에도 똑같은 현상이 벌어질 것이라고 기대할 수 있는 근거가 된다. 우리가 반복되는 감각을 어떤 느낌과 연결시키는 것은 습관에 의한 것이다. 매일 아침 해가 뜰 것이라고 기대하게 만드는 우리의 본능들은 타당해 보인다. 그러나 그 본능들을 따를 만한 '합리적인 근거'가 존재하는지에 대한 의문은 계속 남는다. 우리가 인식하는 한, 이 같은 양상들이 단순히 일관적이라고 해서 믿어야 하는가? 우리는 본능적으로 '자연의 일정한 반복'을 믿는 경향이 있다. '일어났거나 일어날지 모를 모든 것들이 어떤 예외도 없는 일반 법칙의 사례'라고 믿는다는 것. 이런 태도는 과학적 탐구의 영역에서도 목격된다. 과학은 "예외가 있는 일반 규칙들은 예외가 없는 일반 규칙들에 의해 점차 대체될 수 있다"고 빈번하게 가정한다. "공중에 매달려 있지 않은 물체는 떨어진다"는 규칙은 풍선과 비행기에 대해서는 예외가 되는 일반 규칙이다. 그러나 "공중에 매달려 있지 않은 물체는 떨어진다"는 사실뿐만 아니라 풍선과 비행기가 뜰 수 있다는 사실도 설명해 주는 운동 법칙과 중력 법칙은 예외가 없는 것에 속한다. 과학은 우리의 경험이 확장되는 한, 어떤 예외도 갖지 않는 일정한 반복을 분리해낸다. 그러나 자연의 일정한 반복은 증명할 수 없는 가정이며 과거의 모든 사례에는 맞지만, 미래에도 계속 견지될 것이라고 믿을 만한 근거는 없다. 똑같은 현상이 아무리 많이 반복되었더라도 마지막 어느 한 경우에 다른 현상이 나타날 수도 있는 것이다. 따라서 '개연성이 우리가 탐구해야 하는 모든 것'이다.

우리가 확보할 수 있는 가장 엄격한 정도의 미래에 대한 확실성은 A가 B의 발생과 연관되는 경우가 점점 많아지면 그 사례가 미래에도 똑같이 일어날 수 있는 개연성이 더 커진다는 것이다. A가 B와 연관되는 경우가 아주 빈번해지면, 그 빈번함은 거의 확실성과 같은 것으로 평가된다. 러셀은 이 같은 현상에 대한 관찰 내용을 두 가지로 나눠 제시하면서 귀납의 원리를 설명한다.

첫째, 어떤 종류의 사물 A가 어떤 다른 종류의 사물 B와 연관되어 있는 것이 발견되고, B라는 종류의 사물과 분리되어 있다는 것이 발견되지 않을 때, A가 B와 연관되어 있는 사례의 수가 많아질수록 그들 가운데 하나가 현존하는 것이 인식되는 새로운 사례에서도 그들이 연관될 개연성은 더 커진다. 둘째, 똑같은 상황에서 연관성을 지닌 사례의 수가 충분히 많아지면 새로운 연관의 개연성은 거의 확실성이 되고, 점차 제한 없는 확실성에 접근한다.

이 원리는 A와 B가 어떤 고립된 '새로운 사례에서 연관될 것'이라는 기대를 확인할 경우에 적용된다. A와 B의 공존을 지지하는 일반 법칙을 이끌어내려는 이 원리의 두 부분은 다음과 같이 바꿔 말할 수도 있다. 첫째, A가 B와 연관되어 있는 것이 발견되는 경우가 많으면 많을수록 "A는 항상 B와 연관된다"는 사실의 개연성이 더 커진다.(단, 연관성이 없는 사례가 알려지지 않을 경우) 둘째, 같은 환경에서 연관의 사례가 충분히 많아지면, "A는 항상 B와 연관된다"는 사실이 거의 '확실해진다'. 일반 법칙이 참이라면 개별 사례들은 반드시 따르게 되어 있다. 그러나 일반 법칙은 참이 아니더라도 개별 사례들은 참일 수 있다. 따라서 일반 법칙의 참보다는 개별 사례가 참일 개연성이 더 높다.

·풀어보기

7장으로 넘어가기에 앞서 우리는 경험에 의존하여 어떤 귀납적 인식을 이끌어내고 믿게 되는데, 그 의미나 가치를 재차 짚고 넘어갈 필요가 있다. 한평생 흰 백조를 많이 본 사람은 자기 경험에 비추어 모든 백조가 희다는 사실은 개연성이 높다고 주장할 것이고, 이 주장은 완전하게 건전한 논증이 될 것이다. 검은 백조가 일부 있다는 사실은 그 주장에 걸림돌이 되지 않는다. 왜냐하면, 심지어 약간의 정보가 그 주장을 비개연적인 것으로 만들더라도 그의 설명은 사실일 수 있기 때문이다. 흰 백조만 조우한 사람의 기대가 충족되지 못할 수도 있다는 사실이 "어떤 주어진 하나의 경우나 그 경우들의 집합에서 개연적으로 충족되지 못할 것이라는 증거가 될 수는 없다". 따라서 귀납은 경험에 의거하여 반증될 수 있는 것이 아니다. 또한 미래의 경우에 관해 경험이 귀납을 정당화할 수도 없기 때문에 귀납은 경험에 호소하여 입증될 수 있는 것도 아니다.

경험에 기초하여 입증되는 모든 논의는 귀납의 원리를 가정한다. 따라서 우리는 '증거 자체'에 근거하여 귀납의 원리를 받아들이거나, 아니면 '미래에 대한 우리 기대의 모든 정당성을 포기해야' 한다. 만약 우리가 후자를 선택한다면, 일상적인 삶 속의 모든 일을 예측할 수 있는 아무런 근거도 갖지 못한다. 그렇게 되면 친구와 닮은 모습이 우리에게 다가오기 시작해도 그가 정말로 우리 친구라는 기대를 가질 수 없을 것이고, 불구대천의 원수라고 믿을 수도 있다. 과학의 일반 원리들도 귀납에 의존한다. 우리가 운동의 법칙 같은 원리를 믿는 이유는 그 현상이 예외 없이 진행되며 수많은 사례를 통해 한 번의 오차도 없이 참이란 것을 과학이 관찰했기 때문이다. 그리고 귀납의 원리를 가정하기 때문에 그것이 미래에도 참일 것이라고 계속 믿을 수 있다.

결론인즉슨, 경험하지 않은 것에 대한 인식도 경험을 통해 얻은 인식과 마찬가지로 우리 속에서 그 확실성이 확고해질 수 있다는 것이다. 그것이 바로 경험에 의해 타당성이 입증되거나 반증될 수 없는 귀납 같은 믿음의 힘이다.

Chapter 7
일반 원리에 관한 우리의 인식에 대하여

7장의 주요 내용은 귀납의 원리처럼 기능하는 일반 원리들에 관한 설명이다. 이러한 원리들에 의한 인식도 경험에 의해 입증되거나 반증될 수 없지만, 직접 경험에 입각한 인식과 같은 수준의 확실성을 가질 수 있다. 우리는 귀납적 추론을 할 때, "그 원리가 어떤 개별 사례에 적용되는 것을 깨닫게 되고, 그 경우의 개별성은 그다지 관련성이 없지만 그 적용과 똑같이 참으로 인정받아야 하는 일반성이 있다는 것을 깨닫는다." 우리는 "2+2=4"라는 산수 계산에서 이 같은 인식의 평범한 사례를 발견할 수 있다. 우리는 이 계산이 참이란 것을 개별 사례를 통해 처음 파악하게 되고, 그것은 다른 개별 사례들에 적용되면서 또 다른 사례들로 계속 이어진다. 그렇게 되면, 조만간 우리는 이것이 그 어떤 개별적인 경우에도 참인 일반적 진리라는 사실을 깨닫게 된다. 논리적인 원리의 경우에도 상황은 마찬가지다. 어떤 논증에서 전제들이 참이라면, 그 결론도 참이란 것을 우리는 잘 알고 있다.

두 사람이 날짜에 대해 논의한다고 가정해 보자. 한 사람이 "어제가 15일이었다면 오늘은 당연히 16일이라고 인정하겠지"라고 말하자 상대방이 수긍한다. 그러자 다시 "어제는 15일이었어. 너는 어제 그 친구와 저녁을 먹었고, 네 일기에는 그날이 15일이라고 적혀 있었거든." 그러면 상대방은 또 인정할 것이다. 이 예에서 보듯이 두 가지 전제가 참이면 "오늘은 16일이다"라는 결론이 나오게 되어 있다. 이런 추론 사례에서 적용된 논리적 원리는 다음과 같다. "만약 이것이 참이라면 저것도 참이 된다는 것이 알려져 있다고 생각해 보자. 그리고 이것이 참이란 것이 알려진다면, 저것이 참이란 것도 추리된다고 생각해 보자." 참이라고 인식된 명제로부터는 반드시 참일 수밖에 없는 결론이 나온다. 이 원리의 타당성은 분명하지만 검토할 필요가 있다. 우리는 감각에 호소하지 않고도 이 원리에 의해 긍정적인 인식을 얻기 때문이다. 그것은 경험이 아니라 사유에 의해 작동되는 자명한 원리다.

위에서 언급한 원리는 수많은 논리적 원리들 가운데 하나일 뿐이며, 이런 원리들 가운데 어떤 것들은 다른 것들이 증명될 수 있기 전에 받아들여야 한다. 비록 나중에 입증되는 원리들이 너무나 단순해서 처음에 받아들여진 원리들과 똑같은 종류의 명백한 확실성을 갖고 있는 것처럼 보이더라도 그렇게 해야 한다. 러셀은 비록 임의적이지만 본질적인 세 가지 원리를 '사유의 법칙'이란 명칭으로 묶어 제시한다. 첫째, "존재하는 것은 무엇이든 존재한다"는 동일률. 둘째, "어떤 것도 존재하면서 동시에 존재하지 않을 수는 없다"는 모순율. 셋째, "어떤 것이든 존재하거나, 아니면 존재하지 않아야 한다"는 배중률이다. 그런데 인간의 사유는 반드시 여기에 맞춰 이루어질 필요가 없기 때문에 '사유의 법칙'이란 명칭은 오해의 소지가 있다. 그러나 이것들을 법칙이라고 부르는 이유는 어떤 권위를 부여하기 위한 것이다. 다시 말해, 우리가 관찰하는 사물들은 '그 법칙들에 따라 움직인다'는 것이며, 우리는 그 법칙들에 따라 생각할 때 '참되게 사유한다'는 것이다.

이어 러셀은 인간이 어떤 식으로 인식을 얻느냐, 하는 문제에 대한 경험론자와 합리론자의 주장을 비교한다. 로크, 버클리, 흄 등의 경험론자들은 인간의 모든 인식이 경험에 의해 도출된다고 생각한 반면, 주로 17세기에 등장한 데카르트나 라이프니츠 같은 합리론자들은 인간은 경험을 통해서도 인식을 얻지만 경험과는 무관한 '본유 원리'에 대한 인식도 갖고 있다고 주장했다.

우리는 이미 합리론자들의 주장처럼 경험에 의해 증명될 수 없고 경험과는 논리적으로 무관한 논리적 원리들이 있다는 것을 인정했다. 그러나 그 원리들과 경험이 철저하게 무관하지는 않다. 인식을 획득하기 위해서는 먼저 경험을 해야 하기 때문이다. 어떤 일반 원리들을 전개하려면 개별 사례들로부터 출발해야 한다. 합리론자들이 믿었던 '본유적'이란 용어는 논리적 원리들에 관한 우리의 인식을 기술하기 위해 쓰지 않고 있으며, '선험적'이란 용어는 현대 철학자들 사이에 자주 사용되고 있다. 모든 인식이 경험에서 촉발된다고 인정하더라도 경험과는 무관한 약간의 선험적 인식을 이해할 수 있다는 생각인 것이다. 이러한 입장은 우리에게 그 인식에 대해 생각하게 만드는 경험이 그것을 증명하기에 불충분하다는 의미에서가 아니라 단지 우리가 주의만 집중하면 경험을 통한 어떤 증명 없이도 그 진리를 알 수 있다는 의미에서 견지되고 있다.

경험론자들이 더 옳다고 할 수 있는 매우 중요한 관점은 경험을 통하지 않으면 '아무것도 존재하는 것으로 인식될 수 없다'는 입장이다. 우리가 경험하지 못한 어떤 대상이 존재한다는 것을 증명하려면 그 증명의 전제들 가운데 최소한 하나는 우리가 직접 경험한 사물이어야 한다. 우리는 이미 기술구에 의한 인식이 직접 대면에 의한 인식에 의존한다는 이론을 통해 이런 사례를 알고 있다. 우리가 직접적으로 인식하지 않은 어떤 것을 예증하는 전제 속에는 반드시 직접적으로 인식하는 어떤 것이 들어 있어야 하는 것.

예를 들면, 비스마르크라는 인물이 존재했다는 사실을 인식하고 있다는 것은 고증(考證)과의 직접 대면을 통해 얻은 감각자료에 의존한다.

반면, 합리론자들은 '틀림없이 존재하는 것에 관한 일반적 고려사항'으로부터 세상에 있는 어떤 것의 존재를 연역해낼 수 있다고 믿었다. 그들이 염두에 두고 있는 선험적 인식은 가설인 것 같다. 즉 "만약 하나의 사물이 존재한다면 다른 것도 존재해야만 한다"는 진술처럼 모든 진술에 조건을 나타내는 '만약'이 선행된다. 선험적 명제들은 '존재하거나 존재하지 않을지도 모르는 사물들 사이의 어떤 연관성은 보여주지만 실제로 존재하는 대상은 보여주지 않는' 순수 가설적인 것이다. 이 명제들은 첫 번째 전제가 사실상 참이라는 인식을 요구한다. (어떤 것이 존재한다는 모든 인식은 반드시 부분적으로 경험에 의존하기 때문에) 경험에 의해서만 가능한 이 조건이 충족될 때, 비로소 선험적인 원리들은 참의 권위를 갖는다. 어떤 것의 존재가 즉각적으로 인식되지 않고 증명을 통해 인식된다면, 그 과정에서 경험과 선험적 원리들이 모두 요구된다. 어떤 것의 존재를 단언하는 우리의 인식이 최소한 일부라도 경험에 의존한다면, 경험적 인식이라고 불러도 무방하다.

순수 수학은 그 논리적 형식을 제외하면 선험적 인식의 하나로 볼 수 있다. 그러나 경험론자들은 지리학에 관한 인식처럼 수학적 인식에 꼭 필요한 근원도 경험이라며 이런 견해를 반박했다. "2+2=4"가 되는 상황들을 계속 경험하면서 귀납에 의해 "2+2는 항상 4가 된다"는 결론에 이르게 된다는 것. 그러나 우리의 수학적 인식이 작동하는 방식은 "동전 두 개나 책 두 권 등의 구체적인 사물보다는 추상적으로 2를 생각하게 만드는 수많은 예에 근거하고 있다. 따라서 우리가 "우리의 생각에서 무관한 개별성들을 분리시킬 수만 있다면, 곧바로 일반적 원리를 알 수 있게 된다." 그 후에는 새로운 사례들을 접하더라도 우리의 인식에 대해 더 확실성을 느끼는 것은 아니고, 각각의 개별적 사례는 그저 '전형적'인 것이 된다.

그 같은 경험적인 일반화는 단순히 사실이라는 성질만 얻는다. 따라서 우리는 그것이 실제 세계에서는 참이라고 나타나더라도 거짓이 되는 또 다른 세계가 있을지도 모른다고 상상한다. 반면, "2+2=4"는 단순한 사실이 아니라 '실제적이고 가능한 모든 것'이 확증하고 있는 필연성이다.

좀더 순수한 경험적 일반화의 예인 "모든 사람은 죽는다"에 대해 생각해 보자. 어떤 특정한 나이 이상으로 살고 있는 사람의 사례는 알려지지 않았기 때문에 우리가 이 명제를 믿는다는 것은 분명하다. 그것은 인간과 죽음에 대한 우리의 경험이지만, 우리는 어떤 한 사람이 영원히 살지 못하고 죽은 단 한 번의 사례를 보고 이 같은 결론을 내리지는 않을 것이다. 반면, "2+2=4"는 이 같은 결과가 어떤 다른 경우에도 발생해야만 한다는 것을 납득시키기에 충분하다. 그러나 다른 한편으로 모든 사람이 죽는지에 대해 생각해 보면 약간의 의심이 생길 수도 있다면서 러셀은 조너선 스위프트의 〈걸리버 여행기〉에 나오는 '결코 죽지 않는 스트룰드부룩 종족'을 예로 들어 설명한다. 우리는 그 종족을 염두에 두면, "2+2=5"가 되는 세계보다는 '사람이 죽지 않고 영원히 사는' 세계를 훨씬 더 쉽게 상상할 수 있다. "2+2=5"가 되는 세계는 우리의 인식 체계 전체를 바꾸면서 모든 것을 의심하게 만들 것이기 때문이다.

단순한 수학적 판단이나 논리적 판단은 개별 사례들로부터 추론하지 않아도 일반적 명제들을 이해할 수 있다. 이 같은 사실은 일반적인 것으로부터 일반적인 것 또는 개별적인 것으로 진행하는 연역의 절차가 실제적 효용성을 갖는 이유가 되고, 개별자로부터 개별자로, 개별자들로부터 일반적인 것으로 진행하는 귀납의 절차가 갖는 효용성도 설명한다.

러셀은 연역을 통한 인식 획득의 과정을 설명하기 위해 고전적인 연역의 예를 든다. "모든 사람은 죽는다. 소크라테스는 사람이다. 고로 소크라테스는 죽는다." 이 경우에 우리가 사람이 죽는다는 사실을 확실하게 인식하는 것은 A, B, C라는 어떤 사람들이 죽었기 때문이다. 만약 소크라테스가 이 사람들 가운데 하나라면, '소크라테스는 죽는다'는 것을 증명하기 위해 일반 명제인 '모든 사람은 죽는다'로 부터 우회할 필요가 없고 사례들 A, B, C에서 직접 진행하는 것이 더 낫다. 왜냐하면, '모든 사람은 죽는다'는 개연성 보다는 한 사람에 불과한 소크라테스가 죽는다는 개연성이 더 크기 때문이다.(모든 사람이 죽는다면 소크라테스도 죽지만, 소크라테스가 죽는다고 해서 모든 사람이 죽는다고 추론되지는 않기 때문) 이러한 사실들은 "2+2=4"라는 선험적으로 알려진 일반 명제와 '모든 사람은 죽는다'는 경험적 일반화의 차이를 잘 보여준다. 선험적인 일반 명제에 대해서는 연역이 올바른 방식의 논증이다. 반면, 경험적 일반화에 대해서는 귀납이 항상 이론적으로 선호되며, 결론의 참에 대해 더 큰 신뢰성을 보증한다. 왜냐하면, 모든 경험적 일반화들은 그 일반화의 사례들보다는 확실하지 않기 때문이다."

: 풀어보기

7장에서 러셀은 현대 철학이 어떻게 합리주의 사조와 경험주의 사조를 거쳐 현재의 상황으로 발전했는지 설명하면서 먼저 영국 경험론자들이 철학 발전에 기여한 부분에 대해 찬사를 보낸다. 우리는 그의 설명을 들으면서 두 사조

Chapter별 정리 노트 85

가 어떤 식으로 러셀의 철학에 녹아들었는지 헤아릴 수 있으며, 귀납과 연역에 대한 글을 통해서는 실재의 많은 부분들이 좀더 기초적인 다른 부분들로부터 논리적으로 구성된다는 견해를 견지하는 구성적 실재론과 그의 연관성을 짐작할 수 있다.

7장에서는 다음 세 가지를 기억해야 한다. 첫째, 우리의 모든 인식은 최소한 일부분은 경험에 근거한다. 우리가 "2+2=4"라는 선험적 인식의 필연성을 파악하기 위해서는 적어도 한 번은 "2+2=4"라는 사례를 경험해야만 한다는 점을 생각해 본다면, 이 사실을 이해할 수 있을 것이다. 둘째, '실제적이고 가능한 모든 것'이 확증하고 있는 필연성의 선험적 성질은 단순한 사실이며, 거짓이라고 상상될 수도 있는 경험적 일반화와는 구별된다. 셋째, 우리는 일반 원리들에 대한 인식, 즉 선험적 인식을 가지며, 그것에 대해 우리가 직접 대면에 의한 인식에 부여하는 것과 똑같은 정도의 확실성을 가질 수 있다는 가정이다.

논리학과 순수 수학 이외에 또 다른 종류의 선험적 인식은 '윤리적 가치'에 대한 인식이다. 여기서 러셀은 경험적인 전제들을 요구하는 유용한 것 또는 덕스러운 것에 대한 판단이 아니라 사물들의 본질적인 바람직함 자체에 대한 판단을 지칭하는 것이다. 만약 어떤 것이 유용하거나 바람직하다면, 어떤 목표를 성취하기 때문이다. 따라서 하나의 목표는 본질적인 면에서 '그 자체로 가치 있는' 것이지 더 이상의 어떤 목표를 얻는 데 유용하기 때문에 가치가 있는 것이 아니다. 우리는 "불행보다는 행복, 무지보다는 앎, 증오보다는 선의가 바람직하다"고 판단한다. 이 같은 가치 판단은 선험적인 판단들처럼 경험에 의해 촉발되지만, 경험에 의해 증명될 수 없다는 것은 확실하다.(왜냐하면, 어떤 것이 존재하고 그것을 경험했다는 것이 그것의 좋고 나쁨을 증명할 수는 없기 때문이다.) 경험 자체가 그것들의 바람직스러움과 유용함 여부를 증명하지는 못한다. 이러한 윤리적 판단들은 즉각적이고 논리적으로 경험과 무관하다는 의미에서 선험적이다.

러셀은 7장 끝에서 칸트를 들먹인다. 러셀뿐만 아니라 다른 현대 사상가들의 철학을 이해하려면 선험적 인식에 대한 칸트의 논의를 반드시 알아야 한다. 8장은 칸트의 철학적 사상을 살펴본다.

Chapter 8
어떻게 선험적 인식이 가능한가

8장은 칸트 사상에 대해 의미심장하고 가치 있는 분석을 한다. 칸트는 다양한 종류의 인식이 존재한다는 것을 논거로 삼아 어떻게 그 인식이 가능한지를 탐구하여 해답을 얻었고, 그것으로부터 세계의 본성에 관한 형이상학적 결과들을 많이 이끌어냈다. 그 결과들의 타당성은 의문을 불러일으키지만, 두 가지 점에서는 신임을 얻고 있다. 우리가 '순수하게 분석적'이지 않은 선험적 인식을 지니고 있다는 것을 지각했다는 점과 철학에서 인식론의 중요성을 분명하게 끌어올린 점이다. 여기서 '분석적'이란, 부정을 하면 자기모순으로 귀결된다는 것이다.

칸트 이전에는 선험적 인식은 모두 '분석적'이라고 간주했는데, 서술어는 언제나 주어에서 암시된다. "대머리인 사람은 사람이다"라는 명제가 그 예라고 할 수 있다. 사람의 관념은 '대머리인 사람'이란 말 속에 이미 나타나기 때문에 기껏해야 뻔하고 거의 하찮은 단언을 낳는다. 칸트 이전에는 선험적 인식에 해당하는 명제의 진위 여부를 증명할 때, "어떤 것도 존재하면서 동시에 존재하지 않을 수는 없다"는 모순율이면 충분했다. 대머리인 사람이 대머리이면서 대머리가 아닐 수는 없기 때문이다.

흄의 작업은 칸트의 철학적 사유에 중요한 길잡이가 되었다. 흄은 선험적 인식에 관해 통상적인 견해를 받아들이면서도 특히 인과관계처럼 이전에 분석적이라고 간주했던 많은 인식들이 사실은 종합적이란 것을 밝혀냈다. 우리가 충분한 인식을 갖고 있다면 적어도 원인으로부터 결과를 논리적으로 연역할 수 있다는 전통적 합리론자의 전제를 반박하고, 인과관계에 대해 선험적으로 인식될 수 있는 것은 없다고 결론지은 것. 칸트는 원래 합리주의적 교육을 받았지만 그것에 연연하지 않고 흄의 회의적 사유에 동조하면서 인과관계뿐만 아니라 다른 여러 종류의 명제들도 분석적이 아니라 종합적이라고 주장했다. 대수학과 기하학의 모든 명제들도 종합적이기 때문에 "주어를 아무리 분석해도 결코 술어의 내용을 예시하지 못한다"고 단언하면서 그가 제시하는 명제가 "7+5=12"이다. 12의 관념은 7과 5 어느 쪽에도 들어 있지 않고, 우선 합쳐져야 한다. 이 수식에 대한 고찰을 통해 선험적인 것과 분석적인 것을 구별하게 된 칸트는 "모든 순수 수학은 비록 선험적이기는 해도 종합적이다"고 결론짓고, 이어 어떻게 선험적이면서도 종합적인 인식이 가능한지 탐구했다.

이 의문점에 대해서는 다른 철학적 학파들도 답을 얻으려고 모색했다. 경험론자들은 개별 사례들의 반복이라는 경험을 통해 순수 수학적 인식에 도달하려고 했으나 문제점이 있다. "2+2=4"라는 수학적 명제는 하나의 사례만 숙고하면 얼마든지 확실하게 인식할 수 있기 때문이다. 칸트의 고찰은 세련된 형이상학적 해결책을 제시하는데, 러셀은 그 내용을 분석하기에 앞서 간략하게 소개한다.

칸트의 이성 체계 안에서는 우리의 경험이 물리적 대상으로부터 기인하는 요소와 우리의 본성으로부터 기인하는 요소로 이루어지며, 그 다음 칸트 철학의 구조적 특징은 이 요소들의 할당이다.

"칸트는 감각에 주어지는 색깔과 단단함 같은 원상태의 질료는 그 대상으로부터 기인하는 것이고, 우리의 주관이 제공하는 것은 공간과 시간의 배열, 비교 또는 어느 하나를 다른 것의 원인으로 간주한 결과로서 생긴 감각자료들 사이의 모든 관계들이라고 생각했다." 칸트가 이 견해를 옹호하는 이유는 우리의 주관이 선험적으로 갖고 있는 것은 '감각에 원상태로 주어지는 질료가 아니라 시간과 공간, 인과관계, 비교'에 대한 인식 형식이라고 믿었기 때문이다.

칸트가 물자체*라고 부른 물리적 대상은 본질적으로 우리가 인식할 수 없는 것이고, 인식할 수 있는 것은 우리가 경험 안에서 갖고 있는 '현상'이다. 현상은 물자체와 우리 주관의 합작품이다. 따라서 현상이 우리의 경험 안으로 들어오면 '우리의 선험적 인식에 부합하는' 특성을 획득하고, 더 나아가 이 선험적 인식은 우리의 경험을 넘어선 곳에서는 적용될 수 없다. 우리는 성질상의 선험적 인식을 갖고 있으면서도 경험을 초월한 물자체에 대해서는 인식할 수 없는 것이다. 이렇게 칸트는 합리론자와 경험론자의 사유를 조정하려고 노력했다.

칸트의 견해에 따라 선험적 인식에 관한 문제를 다루려고 할 때 나타나는 치명적 결함은 관찰자의 본성을 너무 중시한 점이다. 만약 우리가 '사실들은 항상 논리학과 수학의 법칙에 따라 이루어진다는 것에 관한 확실성'을 가지려면, 인간의 본성이 선험적 인식에 어떤 영향을 미치게 하는 것은 잘못이다. 우리의 본성은 다른 사물들과 마찬가지로 존재하는 세계 안의 사실이며, 항상 똑같은 상태로 유지될 것이란 확실성은 없기 때문에 만약 칸트가 옳다면 내일

---

* **물자체**(物自體, thing-in-itself): 칸트의 용어. 우리 주변에 펼쳐진 세계는 물(物)이 생긴 그대로 나타나 보이는 것이 아니고, 우리가 공간과 시간이라는 두 직관 형식에 합치는 정보만을 선별해서 받아들여 12개의 범주(분량·성질·관계·양상 등)에 따라 종합적으로 구성한 것이다. 이처럼 인간의 인식작용에 의해 생긴 이미지가 아니라 그 자체로서 존재하는 세상의 진짜 모습. 이를테면, 신·영혼·양심 등도 물자체에 속한다.

은 우리의 본성이 변해 "2+2=5"가 되는 일이 발생할 수도 있다. 이런 일이 가능하다는 점은 "칸트가 수학적 명제들의 타당성을 입증하기 위해 그토록 애써 찾으려고 했던 확실성과 보편성을 철저히 파괴한다". 게다가 '우리의 수학적 믿음들' 속에 어떤 진리가 있다면, 그 진리는 "우리가 그것을 생각할 수 있는가?"와는 무관하게 사물들에 똑같이 적용될 수 있어야 한다는 사실이 분명해진다. 우리는 직접 경험하지 않은 대상이라도 둘과 둘이 만나면 이론적으로 넷이 된다는 것을 믿는다. 따라서 우리의 이론은 경험이나 관찰자의 본성에 의해 제한받지 않고 선험적 인식에 관한 우리의 사유와도 무관한 선험적 인식의 개념을 설명해야 한다.

다른 철학자들은 흔히 선험적인 것은 어떤 의미에서는 정신적인 것이며, 정신 밖의 세계에 있는 어떤 사실이라기보다는 우리가 사유할 때 따라야 하는 방식과 더 깊은 관계가 있는 것으로 간주했다. 러셀은 '모순율'을 예로 들면서 그 견해를 반박한다. "어떤 것도 존재하면서 동시에 존재하지 않을 수는 없다"는 진술로부터 우리는 큰 무리 없이 어떤 것도 어느 하나의 성질을 가지면서 동시에 그 성질을 갖지 않을 수는 없다는 의미를 추정할 수 있다는 것. 우리는 이 원리를 외부 현상에 대한 관찰이 아니라 오직 사유를 통해 확신한다. "어떤 나무가 너도밤나무라면 그것은 동시에 너도밤나무가 아닐 수는 없다"는 명제를 보자. 이 가설에 의하면, 우리가 어떤 나무를 보고 너도밤나무라는 것을 알게 되었다면, 그 나무가 동시에 너도밤나무가 아닌지를 확인하기 위해 다시 쳐다볼 필요는 없다. 우리는 이것을 사유에 의해 행하지만, 이 예를 통해서는 모순율에 대한 믿음이 "단지 사유에 대한 것만이 아니라 사물에 대한 믿음'이라는 점을 파악해야 한다. 이를테면, 그 믿음은 우리가 하나의 나무를 너도밤나무라고 생각했다면 동시에 그 나무가 너도밤나무가 아니라고 생각할 수 없다는 믿음이 아니라 하나의 나무가 너도밤나무로 존재한다면 동시에 그 나무는 너도밤나무로 존재하지 않을 수 없다는 믿음이다. 그리고 모순율에 대한 믿음이 사유일지라도 모순율 자체는 사유가 아니라 세계 속에 있는 사물들에 관한 사실이다. 따라서 모순율은 '사유의 법칙이 아니다'.

유사한 주장은 선험적인 판단에도 적용될 수 있다. "2+2=4"라는 명제는 우리의 본성에 근거하여 참인 것이 아니다. 우리 정신의 구성에 관한 어떤 사실도 그 명제를 참으로 만들 수는 없다. 그 명제는 '실제적이거나 가능한 모든 쌍들'을 포함하며, '단순히 우리 정신의 구성에 관한 인식이 아니라 세계가 포함할 수 있는 모든 것, 즉 정신적인 것과 비정신적인 것에 모두 적용'될 수 있다.

러셀은 우리의 모든 선험적 인식은 '정신적 세계나 물리적 세계 속에 존재하지 않는 대상들에 관한 것이라면서 선험적 인식에 대한 탐구를 마무리한다. 그 대상들은 성질과 관계들 같은 존재물이다. 예를 들어 "나는 내 방 안에 있다"라는 문장에서 '나'는 존재하고 '내 방'도 존재하지만, '안에'라는 것이 존재하는가? '안에'란 단어는 나와 내 방과의 관계를 가리킨다. 비록 이 단어는 앞의 두 경우와 똑같은 의미에서 존재한다고 말할 수는 없지만, 우리가 생각하고 이해할 수 있는 어떤 것으로 존재하기 때문에 우리는 그 문장을 이해할 수 있는 것이다. 9장에서는 선험적 인식에 관한 문제의 경우에 더욱 중요한 정신적이지도 물리적이지도 않은 세계 속에 위치하는 '안에'와 같은 관계들에 대해 논한다.

: 풀어보기

러셀의 형이상학과 칸트의 형이상학이 매우 비슷하다는 점을 눈여겨볼 필요가 있다. 그들 모두 우리 인식의 대상들을 물리적 대상의 외부 세계와 본질적으로 더욱 내면적인 주관의 세계로 나눈다. 러셀의 경우, 주관적 요소는 감각자료라는 이름을 띠고, 물질이 물리적 세계의 나머지를 구성한다. 이렇게 볼 때, 그들의 사유의 밑바탕은 같다고 할 수 있지만, 선험적인 것의 배분에 관해서는 정반대다. 칸트는 러셀이 감각자료라고 부르는 현상들이 그 대상에서 기인한다고 생각했다. 우리가 감각자료에 대한 선험적 인식을 갖고 있지 않기 때문이라는 것.

8장에서도 이 저서가 지닌 철학 입문서로서의 성격이 두드러진다. 러셀은 실재에 관한 칸트의 비판 이면에 놓인 논증을 분석한다. 선험적 인식은 합리주의자들의 사유와 경험론자들의 사유를 종합한 것으로 나타난다. 우리의 인식에 대해 논의하는 러셀이 칸트에 주목하는 것은 당연하다. 칸트 철학이 이후의 모든 철학에 미친 영향은 지대하다. 그는 철학적 사유의 전망을 바꿔놓았으며, 그것은 현재 우리가 알고 있는 것으로서의 분석철학과 대륙철학의 알찬 발전으로 이어졌다.

Chapter 9
보편자들의 세계

보편자들의 세계는 맨 먼저 플라톤 철학에서 나타났다. 보편자 또는 플라톤이 '이데아(idea)'라고 언급한 것을 이해하면, 러셀의 철학 전반에 대한 논의를 제대로 이해하고 받아들이는 데 도움이 된다. 우리는 8장에서 관계들이 인식이론에서 매우 중요한 고려사항으로 등장하는 것을 보았다. 관계들은 물리적인 것, 정신적인 것, 또는 감각자료 같은 것이 아닌 존재물이다. 9장에서는 그 관계들이 가질 수도 있는 긍정적 종류의 존재는 무엇이고, 이 존재가 어떤 종류의 대상들을 갖는지 검토한다.

'이데아론'은 우리가 어떻게 관계들을 이해하게 되는지 설명해 준다. 플라톤은 이데아론을 끌어내기 위해 먼저 정의의 개념을 고찰했다. 즉 정의 자체가 무엇인지를 알아내기 위해 여러 가지 정의로운 행위들을 고찰하여 그것들이 공유하는 공통적인 본질을 발견하려고 했던 것. 이 방법은 '힘' 같은 다른 추상적 실체에도 적용될 수 있고, 힘이란 사실, 즉 희다는 것은 수많은 하얀 개별자들에 적용될 수 있다. 왜냐하면, 그 개별자들은 모두 '이데아' 또는 '형상(form)'이라는 공통적 본질에 참여한다고 말할 수 있을 것이기 때문이다. 이데아는 개별자들과는 다르고, 그것들이 공유하고 있는 어떤 것이다. 다시 말해, 정의의 이데아는 정의로운 행위와 동일하지 않다. 이처럼 개별적이지 않은 이데아는 우리가 지각할 수 있는 세계에 그 자체로 존재할 수 없고, 나아가 감각적인 사물들처럼 사라지거나 변하지 않고, 파괴될 수도 없으며, '영원히 그 자체인 것'이다.

러셀은 '이데아' 대신 '보편자'란 용어를 사용한다.(4장에서 보았듯이 버클리와 같은 관념론자들이 사용하는 우리의 정신 속에 존재하는 '관념(idea)'의 의미와 혼동할 염려가 있기 때문) 플라톤의 이데아는 우리의 감각에 주어지는 개별자들과는 대립되는 의미로 정의된 개념이다.

플라톤에게 실재적인 세계는 이데아의 세계다. 왜냐하면, 우리가 감각의 세계에 있는 사물들에 대해 어떤 내용을 말할 수 있으려면, 그 사물들이 자신들의 모든 본성을 구성하는 어떤 이데아를 공유하고 있다고 말함으로써 가능하기 때문이다. "플라톤은 감각의 상식적 세계보다 더 실재적인 초감각적인 세계, 즉 바뀔 수 없는 이데아의 세계에 이끌렸다. 그 세계만이 그 세계에 속할지도 모르는 실재적인 대상의 희미한 그림자를 감각의 세계에 준다." 그런데 보편자를 하나의 실재적인 대상으로 인식하는 플라톤의 이데아론은 자칫 신비주의로 흐를 가능성이 있지만, 이 이론의 근거는 논리학이기 때문에 그 논리적 근거를 탐구해야 한다.

러셀은 평범한 언어의 분석을 통해 우리가 일상적인 단어들에 대해 어떻게 생각하는지를 설명한다. "고유명사는 개별자들을 지칭하는 반면, 일반명사, 형용사, 전치사, 동사는 보편자들을 지칭한다." 모든 문장에는 보편자를 뜻하는 단어가 적어도 하나는 들어간다. 따라서 모든 참은 보편자를 포함하며, 그 참들에 대한 인식에는 보편자들과의 직접 대면이 수반된다.

보편자들에 그토록 많이 의존한다면, 우리는 왜 그것들에 대해 깊이 생각하지 않는 것일까? 그것들은 '불완전하고 실체가 없는' 것처럼 보이고, '어떤 사물이 그것들에 연계되기 전에 어떤 맥락을 요구하는' 것 같다. 심지어 철학에서도 동사와 전치사는 무시당했고, 형용사와 일반명사에 대한 분석이 스피노자 이래의 형이상학을 결정했다. 그 결과, "형용사와 보통명사들은 어떤 사물의 성질이나 속성을 표현하는 반면, 전치사와 동사들은 사물들 사이의 관계들을 표현하는 경향이 있다." 따라서 전치사와 동사들의 중요성을 깨닫지 못하면, 모든 명제를 사물들 사이의 관계들을 표현하는 것이 아니라 사물에 하나의 속성을 부여하는 것으로 간주할 수 있고, 궁극적으로는 관계들 같은 대상들은 존재할 수 없다는 전제가 성립된다. 따라서 세상에는 오직 하나의 사물만 존재할 수 있다거나, 설령 많은 사물들이 존재하더라도 어떤 방식으로든 상호 작용이 불가능해진다. 상호 작용은 하나의 관계라고 할 수 있는데, 그 관계라는 것이 존재할 수 없기 때문이다. 전자는 일원론(monism)이고, 스피노자와 브래들리가 주창했다. 반면, 라이프니츠가 지지하는 후자는 단자론(monadism)이다. 분리된 사물들 각각을 단자(monad)라고 부르기 때문.

우리는 성질들, 즉 형용사와 일반명사들에 의해 표현되는 보편자들이 존재한다는 것은 증명할 수 없으나 관계들, 즉 동사와 전치사들에 의해 표현되는 보편자들이 존재해야 한다는 것은 증명할 수 있다. 예를 들어 만약 우리가 하나의 보편자인 흼이 존재한다고 믿는다면, 흰 사물들이 흼이라는 추상적 성질을 공유하기 때문에 희다고 말하는 것이다. 버클리와 흄 같은 경험론자들은 '추상적 관념들'의 존재를 부정했다. 우리는 희다는 것에 대해 생각하기로 작정하면, 어떤 개별적인 흰 사물의 상(像)을 떠올리고 그것이 다른 어떤 흰 사물에도 똑같이 참이란 것을 우리가 인식할 수 없다고 연역하지 않도록 유의하면서 그것으로부터 희다는 것을 추론해낸다. 러셀은 이 예를 기하학의 삼각형에 대한 추론과 비교한다. 우리는 버클리와 흄이 규정한 대로 추론한다. 그러나 우리가 선택한 사물이 희거나 삼각형이라는 것을 어떻게 알 수 있는지 자문하자마자 우리는 희거나 삼각형인 다른 어떤 것을 떠올리고 그것을 기준 삼아야 하며, "그것은 우리가 선택한 다른 개별자와 올바른 종류의 유사성을 가져야 한다"고 말한다. 따라서 유사성은 하나의 개별자를 선택할 때 미리 전제되어 있으며, 보편자이고, 개별적인 사물들의 모든 쌍들 사이에서 유지되는 관계다. 경험론자들의 대안은 간접적으로 추상적 보편자에 호소하는 것이다.

유사성의 관계는 참된 보편자다. 보편자들을 받아들인다면, 희다는 것과 삼각형성 같은 보편자들을 부정하는 것은 잘못된 추론이다. 보편자들이 존재한다는 것을 증명한 러셀은 그것들이 본질상 정신적인 것이 아니란 사실을 증명하기 위한 논의에 나선다. 보편자들은 사유와는 독립적인 것으로 구별되거나 정신에 의해 파악된다는 것이다.

"에딘버러는 런던 북쪽에 있다"라는 명제를 생각해 보자. 두 장소 사이의 관계는 우리의 인식 여부와는 무관하게 분명히 존재한다. 우리가 그 관계를 인식한다고 해서 이 명제가 참이 되는 것이 아니라 오히려 우리가 그것을 인식하기 이전에 존재했던 '사실을 파악하는 것'에 불과하다. 심지어 사람이 존재하지 않더라도 에딘버러가 있는 장소는 관계상 여전히 런던이 있는 장소의 북쪽이다. 그렇다면, 이들 두 장소에 대한 사실 속에는 어떤 정신적인 것이 전제되어 있지 않다는 것이 참이라고 생각할 수 있다. 그러나 이 사실은 보편자인 '~의 북쪽'이라는 관계를 포함한다. 이 명제는 어떤 정신적인 것을 내포하지 않기 때문에 '~의 북쪽'이라는 보편자도 틀림없이 정신적인 것이 아니다. 따라서 그 관계는 '그것이 관련시키는 용어들처럼' 사유와는 독립된 것이라고 말할 수 있다. 이처럼 '~의 북쪽'은 사유에 의존하는 것은 아니지만, 런던과 에딘버러가 실제 세계에서 존재하는 방식과 똑같이 존재한다고도 말할 수 없다. 관계가 존재하는 장소나 시간은 존재하지 않는다. "그러나 감각들이나 내적 성찰을 통해 파악할 수 있는 모든 것들은 어떤 특정한 시간에 존재한다." 따라서 '~의 북쪽'이란 관계는 그것들에 의해 파악되는 것들과는 완전히 다르고, 물리적이거나 정신적인 것이 아니다.

러셀은 용어들에 관해 설명하면서 9장을 마무리한다. "사유와 느낌, 정신과 물리적 대상들은 정상적인 의미에서의 시간 속에 존재(exist)한다." 그러나 보편자는 존재하지 않고, 존속하거나(subsist) 존재를 갖는다고(have being) 말할 수 있다. 존재(being)는 현존(existence)과는 상대적인 것이고 영원하다. 존재의 세계는 수학자, 논리학자, 형이상학자 등, '우리의 삶보다는 완전성을 더 사랑하는 모든 사람들에게는' 기분 좋게 정밀하고 정확하며, '불변적이고 엄격하다. 반면, 현존의 세계는 '흘러가고 모호하며', 물리

적인 것들과 정신적인 것들이 뒤섞여 있고, 세계의 가치와
인생에 어떤 차이라도 유발하는 모든 것을 포함한다.

많은 철학자들이 보편자는 물리적이거나 정신적인 것
이 아닌 특이한 형태의 존재로 인해 실제로는 정신적인 것
이라고 혼동했다. 보편자에 대한 사유는 당연히 정신 속에
존재하고, 그런 의미에서는 정신적인 것일 수도 있다. 이 논
증은 버클리의 애매한 '관념'과 유사한 모호함에 의존한다.
힘에 대해 생각하고 있다고 가정해 보자. 만약 우리가 사유
작용을 '힘'이라고 부른다면, 이 논증에 의해 '힘'은 정신
적인 것이라고 말할 수 있다. 그러나 우리가 생각하고 있는
보편자의 의미는 사유 작용의 대상을 표시한다는 의미에서
는 힘의 관념이다. 보편자를 사유와 동일하게 취급하면 보
편자에서 본질적인 보편성을 빼앗는 것이기 때문에 사유는
필연적으로 보편자와 구별될 수밖에 없다는 것이 러셀의
주장이다. '한 사람'의 사유 행위는 다른 사람의 사유 행위
와 필연적으로 다를 수밖에 없기 때문에 그들의 힘의 관념
도 동일할 수가 없다. 그들의 사유에서 공통적인 것은 소위
'힘'이라는 추상적인 대상이다.
러셀의 철학에서 신 플라톤 철학의 색채를 가장 두드

러지게 보여주는 것이 보편자들이다. 세계에 대한 형이상학적 이분법은 플라톤의 형이상학과 완전히 일치한다. 우리가 직접적으로 인식하는 구체적인 세계는 이상들 또는 보편자들의 세계의 불완전한 그림자들의 집합체와 같다. 러셀도 우리는 대부분의 세계를 직접적으로 접할 수 없고 감각자료와 직접 대면을 할 수 있을 뿐이라고 주장하기 때문에 보편자들은 우리가 어둠 속에서 더듬어 찾는 대조적인 본질들을 정연하게 내포하고 있다. 신 플라톤 철학의 실재론은 본질적으로 간접적인 실재론이다. 실재에 대한 우리의 이해는 감각의 장막에 의해 조정된다는 것. 우리는 실재를 간접적으로 접한다. 즉 우리가 지각할 수 있는 것을 통해 희미한 그림을 생각해내고 그것에 대해 추론한다.

Chapter 10
보편자에 대한 인식

개별자들이 직접 대면에 의해 인식되는 것과 기술구에 의해 인식되는 것으로 나뉜다는 점은 이미 입증되었다. 보편자에 대한 인식도 이렇게 나눌 수 있다. '흰, 빨간, 검은, 달콤한, 신, 소리가 큰'과 같은 감각자료에서 예시된 성질들은 우리가 직접 대면으로 인식하는 보편자들이다. 우리는 어떤 사물, 이를테면, 흰 헝겊조각을 볼 때, 처음에는 하나의 개별자로서의 헝겊을 직접 대면하고, 이어 많은 흰 헝겊들을 보면서 그것들 모두가 공유하는 흼을 추상해내는 과정에서 보편자와 직접 대면한다. 러셀이 '감각질(sensible qualities)'이라고 부르는 이러한 종류의 보편자들은 개별자들과 크게 다르지 않고, 추상해내려고 애쓰지 않아도 쉽게 파악될 수 있다. 또 하나 쉽게 파악될 수 있는 보편자는 '하나의 복합적인 감각자료'의 부분들 사이에 나타나는 관계다. 예를 들어, 우리는 지금 쓰고 있는 한 장의 종이를 단번에 보면서 동시에 그 종이의 어느 한 부분이 다른 부분들과는 특정한 관계들을 맺고 있다는 사실을 지각한다. 이 경우, 하나의 부분이 다른 부분의 왼쪽에 있게 되는 많은 감각자료들을 연속적으로 보는 과정에서 추상에 의해 모든 감각자료들이 공유하는 것이 '~의 왼쪽에 있음'이라는 관계라는 것을 발견하면서 우리는 보편적 관계와 직접 대면하게 된다. 감각자료들로부터 보편적 관계를 추상해내는 또 하나의 예는 연속적인 종소리다. 이어지는 종소리를 들은 사람은 마지막 종소리가 들릴 때, 전체 종소리를 회상할 수 있고 동시에 그 순서도 지각한다. 다시 말해, 우리는 추상화 과정을 통해 공간 관계처럼 시간 관계도 직접 대면한다.

우리가 직접 대면하는 또 하나의 관계는 유사성이다. 그 관계는 두 초록색과 하나의 빨강색을 동시에 비교하면 명확해진다. 어떤 색들이 닮았고 어떤 색이 다른지는 쉽게 알 수 있기 때문이다. 개별자들 사이에서처럼 보편자들 사이에서도 즉각 인식할 수 있는 관계, 즉 '보다 더 강한'이라는 관계도 있다. 위의 경우에 두 초록색 사이의 유사성이 초록색과 빨강색 사이의 유사성보다 더 강하다는 것은 누구나 지각할 수 있다. 그러한 관계에 대한 인식은 감각자료의 성질을 지각하는 것보다 더 많은 추상력을 요구할지라도 감각자료와 똑같이 즉각적이다.

이제 보편자들을 생각할 때 풀지 못했던 선험적 인식

의 문제를 다뤄보자. 명제 "2+2=4"는 보편자 '2'와 보편자 '4' 사이의 관계를 말하고 있다. 이것으로부터 우리가 입증하려고 하는 명제 "모든 선험적 인식은 전적으로 보편자들의 관계들만 다룬다"가 제시된다. 러셀은 이 명제가 참이란 것을 증명하기 위해 참이 아닌 것처럼 보이는 유일한 경우, 즉 "한 부류의 개별자들 모두는 어떤 다른 부류에 속한다"거나 다시 말해, "어떤 하나의 속성을 갖는 개별자들 모두는 어떤 또 다른 속성을 가질 수도 있다"는 내용을 선험적 인식이 진술하는 경우를 내세운다. 이 경우에 우리는 보편적 속성 자체보다는 어떤 속성을 가진 개별자들을 다루고 있는 듯이 보일 것이다. 이런 관점에 의하면, "2+2=4"라는 선험적 명제는 "어떤 2와 어떤 2를 더하면 4가 된다"고 바꿔 말할 수 있게 된다.

러셀은 선험적 명제들은 보편자들을 다룬다는 입장을 견지하고 있다. "2+2=4"라는 선험적 명제를 우리가 납득할 수 있는 것은 이 명제에 동원된 단어들을 이해하고 있기 때문이다. 따라서 러셀은 그 낱말들을 살펴보기 시작한다. 우리는 '2'와 '4'의 의미를 파악하자마자 "2+2=4"라는 명제의 주장을 이해한다. 그 언명을 파악하기 위해 세상 속에 있는 모든 쌍을 알 필요는 없으며, 무한하게 많은 그것들을 알 수도 없다. "따라서 우리의 일반 명제가 개별적인 쌍들에 대한 언명들을 함축한다고 하더라도 그러한 개별적인 쌍들이 존재한다는 것을 알자마자 그 명제는 어떤 개별적인 쌍들의 존재를 단언하지 않고 실제로 존재하는 어떤 개별적인 쌍에 대해서도 언명하지 않는다."이처럼 선험적 명제는 개별자들이 아닌 보편자들을 내포한다.

보편자들을 추상해내는 우리의 힘은 논리학과 수학 같은 일반적인 선험적 명제들을 인식하게 해준다. 앞부분에서 선험적 명제를 검토할 때 애를 먹었던 부분은 그것이 경험을 예기하고 통제하는 듯이 보였다는 사실이다. 그러나 일반적인 명제가 선험적이더라도 현실적으로 존재하는 개별자들에게 적용할 경우에는 경험을 수반하며 경험적 요소들을 포함한다. 두 개의 사물과 두 개의 다른 사물을 더하면 네 개의 사물이 된다는 것은 선험적으로 인식하지만, 어떤 두 사람과 어떤 두 사람을 더하면 어떤 구성의 네 사람이 된다는 것과 같은 사실들은 경험에 의해서만 알 수 있다. 따라서 우리가 선험적 인식을 검토할 때 경험과 관련하여 애를 먹었던 부분은 사라지게 된다.

이 부분을 좀더 명확하게 하기 위해 러셀은 "모든 사람은 죽는다"는 경험적 일반화와 "2+2=4"라는 순수 선험적 판단을 비교한다. 두 언명의 차이는 그 속에 포함된 증거의 성격이다. 전자의 경우에는 명제를 구성하는 보편자들 '사람'과 '죽는다'를 이해하자마자 그 일반화를 이해할 수 있다. 그 언명을 파악하기 위해 모든 인간을 직접 대면할 필요는 없다. 그럼에도 불구하고 이 일반화는 경험에 근거한 것이다. 사람이 죽는 사례들은 많고 죽지 않는 사람의 사례는 없다는 것을 인식하고 있기 때문이다. 그런 경험을 통해 우리는 모든 사람이 죽는다고 추론하는 것이지 '사람'과 '죽는다'는 단어들의 선험적 연관 관계를 지각하는 것은 아니다.

선험적 명제들의 흥미로운 특징 하나는 우리가 일반 명제의 적용 사례를 전혀 인식하지 못하는 경우에도 때때로 그것을 인식할 수 있다는 점이다. 예를 들어 두 개의 수를 곱하면 세 번째 수인 곱이 나온다. 곱셈표는 어떤 정수(整數) 쌍의 곱이 100 이하인 것을 기록해 놓았다. 그러나 "정수들의 수는 무한하고, 그동안 인간들이 생각해 왔고 앞으로 생각할 수 있는 정수들의 쌍의 수는 유한하다"는 사실도 알려져 있다. 이렇게 알려져 있는 것과 알려져 있지 않은 것들이 있다는 사실을 감안하면 다음과 같은 명제가 도출된다. "그동안 그 어떤 인간도 결코 생각하지 못했고 앞으로도 생각하지 못할 두 정수의 모든 곱은 100 이상이다." 여기서 우리는 이 명제가 적용될 수 있는 사례를 제시할 수 없다. 왜냐하면, 우리가 생각할 수 있는 두 정수도 그 명제에 의해 배제되기 때문이다.

러셀은 앞에서 살펴보았던 개념들을 다시 거론하면서 이러한 명제들의 인식론적 관련성을 밝힌다. 감각자료에 대응하는 물리적 대상들에 관한 인식은 추론에 의해 얻어질 뿐이지 직접 대면하는 것이 아니다. 우리는 연합된 물리적 대상들이 아니라 즉각적으로 인식되는 감각자료의 사례들을 줄 수 있을 뿐이다. "물리적 대상들에 관한 인식은 어떤 사례도 줄 수 없는 일반 명제에 관한 인식의 가능성에 전적으로 의존한다. 그리고 그 인식의 가능성은 직접 대면에 의해서는 어떤 사례도 우리에게 인식되지 않는 다른 사람들의 정신들이나 그 어떤 다른 부류의 사물들에 관한 인식에도 적용된다."

· 풀어보기

10장은 러셀이 지금까지 전개한 인식의 근원들을 효과적으로 요약해 놓았다. 우선 사물에 대한 인식과 진리에 대한 인식을 구별했다. 두 가지 인식은 다시 직접적인 것과 파생적인 것으로 나뉜다. 10장까지는 직접 대면, 즉 사물들에 대한 즉각적인 인식을 주로 논의했다. 우리는 개별자들 중에서는 감각자료와 직접 대면하고, 보편자들 중에서는 '감각질, 공간과 시간의 관계들, 유사성, 어떤 추상적인 논리적 보편자들'을 직접 대면하여 인식한다. 사물들에 대한 파생적 인식은 기술구에 의한 인식으로부터 나오는데, 항상 직접 대면에 의한 인식과 진리에 대한 인식을 수반한다.

사물들에 대한 인식과 마찬가지로 진리들에 대한 인식

도 즉각적인 인식과 파생적인 인식이 있다. 즉각적인 인식은 '직관적 인식이라고 불리며, 그렇게 인식된 진리는 자명한 진리'라고 불릴 수 있다. 자명한 진리들 중에는 우리가 감각에 주어진 것만 서술하는 것, '논리학과 수학의 어떤 추상적인 원리들', 그리고 어떤 윤리적 명제들이 있다. 진리에 대한 파생적 인식은 우리가 자명한 진리로부터 연역할 수 있는 것들로 구성된다. 기술구에 의한 인식은 직접 대면과 진리들에 대한 인식에 의존하기 때문에 진리들에 대한 인식을 학습한 후에 다시 5장의 기술구에 의한 인식 부분을 읽어보면 좋다.

사물들에 대한 인식에는 오류 가능성이 없으나 진리들에 대한 인식에는 오류의 문제가 제기된다. 사물들에 대한 인식은 감각 속에서와 마찬가지로 즉각적인 접촉 대상의 영역 안에 머무르는 한 오류 위험성이 없다. 우리의 몇 가지 믿음은 우리가 즉각적인 감각자료를 어떤 물리적 대상의 표지로 간주할 때 오류인 것으로 확인되거나 드러난다. 우리의 인식에 대한 믿음은 '우리가 직접적인 감각자료를 물리적 대상의 표지로 여길 때' 옳은 것으로 확인되거나 옳지 않은 것으로 드러난다. 직관적 인식은 부분적으로 진리에 대한 인식의 바탕이기 때문에 11장에서는 직관의 본질에 대해 분석한다.

Chapter 11
직관적 인식

우리는 대체로 우리가 믿는 것들에 대해 이의가 제기되면 얼마든지 합리적인 근거를 댈 수 있다고 생각하는 경향이 있다. 우리의 거의 모든 상식적인 믿음들은 이 믿음들에 대한 근거를 제공하는 다른 믿음들로부터 추론되거나 추론될 수 있는데, 통상 그 추론 과정은 잊고 만다. 예를 들어 우리가 어떤 음식을 먹으려고 할 때, 왜 그 음식에 독이 들었다고는 생각하지 않고 몸에 보탬이 된다고만 생각하느냐는 질문을 받게 되면 순간적으로는 대답을 못할지 모르지만, 충분히 합리적인 이유가 발견될 수 있다고 느낀다. 그리고 종종 이런 식으로 믿음을 정당화시키지만, "우리가 어떤 이유를 대면 다시 그 이유의 이유를 계속해서 따지고 드는 고집스러운 소크라테스 같은 사람이 있다고 가정해 보자." 그렇게 되면, 우리는 어느 순간에 더 이상의 이유를 발견할 수 없게 되고, 결국에는 너무 자명하기 때문에 더 이상의 자명한 것으로부터 연역될 수 없는 일반 원리에 도달하게 될 것이다.

우리는 음식물에는 독이 없다는 판단과 일상에서 되풀이되는 많은 사례에서 주된 근거로 귀납의 원리(6장)를 사용한다. 귀납의 원리는 우리가 의식적이거나 무의식적으로 추론할 때 자주 사용하지만 그것보다 더 단순하고 자명한 원리로부터는 나올 수 없으며, 어떤 증명의 결론이 될 수 없다. 이 원리의 진리는 우리에게 자명하며, 우리는 증명을 하면서 그 원리를 채택하고 있다. 그러나 이 원리 자체 또는 그 일부는 증명하지 않고도 그대로 채택한다. 자명성은 증명될 수 없는 일반 원리들만 갖는 것이 아니다. 어떤 몇 개의 논리적 원리들이 자명하게 인정되었다면 그 나머지는 이것들로부터 연역될 수 있다. 더 나아가 모든 수학은 논리학의 일반 원리들로부터 연역될 수 있지만, "2+2=4"라는 단순한 명제는 논리학의 일반 원리처럼 자명하다.

일반 원리들보다는 개별적인 사례들에서 자명성을 인지하기가 더 쉽다. 예를 들어 우리는 모순율을 통해 어떤 장미가 빨강색이면서 빨강색이 아닐 수는 없다는 것을 알고 있다. 그런데 우리는 이 모순율 자체의 추상적 언명보다는 그 개별적인 장미를 통해 이 법칙을 더 쉽게 이해할 수 있다. 왜냐하면, 보통 우리는 개별적인 사례들을 통해 일반 원리를 파악하기 때문이다. 물론, 추상을 실제로 행하는 사람들에게는 개별적인 사례들을 고찰하지 않고 일반 원리를 파악하는 것이 더 쉬울지 모른다.

일반 원리 이외에도 또 다른 종류의 자명한 진리인 '지각적인 진리들'이 존재하며, 우리는 이것들을 이용하여 지각에 대해 판단한다. 그런데 지각과 진리라는 두 단어로 이루어진 이 표현에 유의해야 한다. 실제로 발생한 감각자료는 참이나 거짓이 될 수 있는 경우가 없기 때문이다. 예를 들어 우리가 보고 있는 어떤 색깔은 참이나 거짓이라고 말해질 수 있는 종류의 사물과는 근본적으로 다르다. 따라서 우리의 감각을 통해 획득하는 자명한 지각적 진리들도 감각자료와는 구별된다. 이 진리 가운데 하나는 "어떤 식으로든 감각자료를 분석하지 않고도 단지 그것의 존재를 주장할 뿐이다." 예를 들어 우리가 빨강색 헝겊을 보고 "저것이 있다"라고 판단하는 것인데, 지각적인 직관적 판단의 한 종류다. 다른 하나는 지각의 대상이 복합적일 때 생기고 우리의 정신이 그것을 어느 정도 분석해야 한다. 예를 들어 우리가 둥근 빨강색 헝겊을 보고 색깔과 모양을 분리하여 "저 빨강 헝겊은 둥글다"라고 판단하는 것인데, 그 판단은 감각자료가 지닌 구성요소들 사이의 관계들을 단언한다. 존재를 단언하는 지각적인 진리와 분석을 하는 지각적 진리는 모두 '직관적인 지각적 판단들'이다.

자명한 직관적 판단과 관련되면서도 전혀 다른 것이

기억에 대한 판단이다. 기억의 본성은 종종 혼동될 위험성이 있다. 어떤 대상에 대한 기억은 종종 대상에 관한 상(像)과 연관되어 있기 때문이다. 그러나 우리는 상과 '기억된 대상'을 비교할 수 있으며, 차이점들을 구별할 수도 있다. 그런 비교가 가능하다는 것은 상과 비교되는 대상 자체가 어떤 식으로든 '우리의 정신에' 나타나야 하고, 그 대상은 '기억의 본질'에 필수적이라는 사실을 암시한다. 기억의 사실은 과거에 관한 우리의 모든 인식을 가능케 해준다.

그러나 기억은 '오류 가능성이 많은 것으로 악명이 높고', 직관적 판단에 대해 의심을 품게 만든다. 기억의 확실성은 "경험의 생생함과 시간의 근접성에 비례하여 신뢰성이 달라진다". 30분 전에 번갯불을 본 사람이라면 지금도 그것을 생생히 기억할 수 있다. 그리고 30분 전부터 어떤 의자에 계속 앉아 있던 사람이 그렇게 근접한 시간에 일어난 일을 의심한다면 말이 안 된다. 지나간 하루를 돌이켜보면, 어떤 일들은 다른 일들에 비해 유독 기억이 생생한 것 같다. 아침 식사와 그때 나눴던 대화에서 어떤 내용은 기억나는데, 어떤 내용은 전혀 떠오르지 않을 수도 있다. "내가 기억하는 것의 자명성 정도는 끊임없이 단계적으로 변화한다." 이러한 단계적 변화는 기억의 생생함과 최근성에 대한 신뢰도와 상응한다.

그러나 우리가 확신하고 있지만 그 자체로 완전히 거

짓인 기억이 있다. 조지 4세는 워털루 전투에 참전했다는 거짓말을 자주 되풀이하다가 나중에는 정말로 믿게 되었다. 그러한 경우에 기억된 대상은 거짓되게 믿어지고 있는 것이 분명해 보이고, 실제 경험은 즉각적으로 정신에 떠오르는 그 고유한 대상이 아니다. 그것들은 '엄격한 의미에서 기억의 사례가 아니다'.

: 풀어보기

기억의 경우를 보면, 자명성의 정도가 단계적으로 변화한다는 것이 분명해진다. 자명성은 단순하게 존재하거나 존재하지 않는 것이 아니라 절대적 확실성으로부터 거의 지각될 수 없는 단계까지 점진적으로 '다소간 존재하는 성질'이다. 자명성의 정도가 가장 높은 것에는 지각적인 진리들과 일부 논리적 원리들이 있고, 즉각적인 기억의 진리가 그것에 거의 필적한다. 기억은 시간이 점점 멀어지고 희미해질수록, 그리고 논리적 원리와 수학의 원리는 내용이 복잡해질수록 자명성이 떨어진다. 자명성의 정도는 인식 이론에서 매우 중요하다. 왜냐하면, 어떤 명제들이 참이 아닌데도 어느 정도의 자명성을 갖는다면 참과 자명성 사이의 연계성을 포기해야 할 것이기 때문이다. 어떤 명제들은 다른 명제들보다 더욱 자명하기 때문에 가치가 있는 것일지 모른다. 이 관점에 따르면, 자명성의 개념은 두 가지 기준의 성격을 갖는다. 하나는 명제들을 참이라고 보장하고, 다른 하나는 참에 대해 '정도가 더하거나 덜한 추정'을 제공한다.

'고집스러운 소크라테스' 같은 인물은 소크라테스식 대화법을 암시한다. 러셀은 소크라테스 같은 질문자가 꼬리에 꼬리를 무는 질문을 던짐으로써 소위 그의 '인식'이 바탕하고 있는 일반 명제를 제자가 깨닫는 모습을 상상하면서 그 단계들은 건너뛰고 곧바로 일반 원리들과 자명성에 대한 자신의 이론을 전개한다. 우리가 일상적인 삶 속에서 습관적으로 '믿는' 것은 자명한 귀납의 원리 같은 진리들을 믿는 것이다. 러셀은 명백하게 자연스럽고 직관적인 진리에 대한 우리 인식의 근거를 밝히고 있다.

Chapter 12
진리와 거짓

사물들과 관련된 직접 대면에 의한 인식은 결코 '잘못' 또는 '오류'가 있을 수 없다. 그러나 기술구에 의한 인식을 얻는 과정에서는 당연히 잘못된 추론이 가능하다. 이런 유형의 인식은 사물에 대한 인식과 달리 소위 오류를 갖는다. 참된 것과 마찬가지로 거짓된 것도 믿을 수 있는 이원성이 존재하는 것. 많은 사람들이 제각각 다르고 양립할 수 없는 믿음들을 주장하는 것을 보면, 일부 믿음들은 잘못된 것이 틀림없다. 따라서 참된 믿음과 잘못된 믿음을 어떻게 구별하느냐, 하는 절박한 문제가 제기되지만 만족스런 해답은 얻기 어렵고, 보다 시급한 일은 참과 거짓의 의미를 파악하는 것이다. 12장은 어떤 믿음들이 참이고 거짓인지를 밝히는 것이 아니라 '어떤 믿음이 참이고 거짓인지를 묻는 것이 어떤 의미인지에만 관심을 갖는다.

진리의 이론에는 세 가지 필수 요소가 있다. (1) 진리의 이론은 그것에 상반되는 거짓을 인정해야만 한다. (2) 애초에 믿음 자체가 없다면 참과 거짓이 존재할 수 없다는 것은 자명하기 때문에 단순한 물질의 세계는 믿음은 없고 사실만 포함하며 참과 거짓은 포함하지 않을 것이다. 따라서 '참과 거짓은 믿음과 언명의 속성'인 것이 분명해 보인다. (3) "어떤 믿음의 참과 거짓은 언제나 그 믿음 자체의 외부에 있는 어떤 것에 의존한다." 찰스 1세가 처형대에서 죽었다는 믿음은 참된 것인데, 믿음의 어떤 본질적 성질 때문이 아니라 역사적 사건에 근거하기 때문이다. 반면, 찰스 1세가 침대에서 죽었다고 믿는다면, 사실에 어긋나기 때문에 거짓된 믿음이다. 이처럼 참과 거짓은 그 믿음 자체에 포함되지 않은 어떤 사물과 그 믿음 사이의 관계에 의존하는 속성이다.

자명성이 가장 낮은 세 번째 요소는 많은 철학자가 주장하는 '진리는 믿음과 사실 사이의 어떤 대응 형식에 있다'는 견해로 이어진다. 그러나 믿음 자체와 어떤 외부적 요인의 절대적 대응 형식을 발견하기 어렵기 때문에 철학자들 가운데는 전적으로 믿음 외부에 있는 어떤 것과 관련되지 않은 진리에 관한 정의를 찾으려고 노력했으며, 가장 중요한 시도가 "진리는 정합(整合)에 있다"는 이론이다.

이러한 견해에는 두 가지 문제점이 있다. 첫째, 하나의 정합 체계를 갖춘 믿음들만 존재한다고 가정할 근거가 없다.

주어진 사실들에 대해 하나 이상의 가설이 부합하기도 하는 과학적 방법론이나 철학적 방법론의 경우를 생각해 보면, 이 점은 분명하다. 과학자나 철학자들은 하나의 궁극적 가설을 찾으려고 애쓰지만, 하나 이상의 가설이 적용되면 안 된다고 생각할 이유는 없는 것이다. 둘째, 정합론은 '정합의 의미를 이미 인식하고 있는 것으로 가정하지만' 사실 '정합은 논리학 법칙의 참을 전제'로 한다. 두 명제는 서로 참일 때는 정합적이다. 이때 두 명제가 모두 참일 수 있는지를 알기 위해서는 모순율을 적용해야 한다. 예를 들면, "이 나무는 너도밤나무다"라는 명제와 "이 나무는 너도밤나무가 아니다"라는 명제는 모순율 때문에 정합적이 아니다. 그러나 모순율 자체도 정합의 검증을 받아야 하기 때문에 "논리학 원리들은 그 검증의 뼈대를 제공하며, 그 원리들 자체는 이 검증에 의해 입증될 수 없다". 이처럼 정합은 때때로 어떤 진리가 알려진 후에는 그 진리를 검증하는 방법은 될 수 있지만, 그 자체로 진리의 의미를 주는 것은 아니다.

러셀은 진리 이론의 기준인 '사실과의 대응' 개념으로 되돌아가 세 가지 필수 요소를 염두에 두고 '사실'과 '대응'의 의미를 분석한다. 대응은 '우리의 정신과 어떤 하나의 대상 사이의 관계로' 간주할 수도 있으나 직접 대면에 의한 인식처럼 참과 거짓의 반대를 허용하지 않고 항상 참이어야만 한다. 우리가 알다시피 오셀로는 데스데모나가 캐시오를 사랑한다고 잘못 믿고 있다. 이 경우에 오셀로의 믿음의 대상은 '캐시오를 향한 데스데모나의 사랑'이다. 그런데 데스데모나가 캐시오를 사랑하지 않기 때문에 그 믿음의 대상은 실제로 존재하지 않고, 따라서 오셀로는 그 대상과 어떤 관계도 가질 수 없다. 그럼에도 불구하고 오셀로는 어떤 것과 관계를 갖고 있으며, 우리는 여전히 그의 믿음이 어떤 대상과의 관계에 있지 않다고 말할 수 있다. 그렇다면, '믿음이 어떤 단일 대상에 대한 정신의 관계 속에 존재하지 않도록 만드는' 어떤 이론을 한번 찾아보자.

우리는 관계들은 항상 두 항 사이에 유지된다고 생각하지만, 어떤 관계들은 세 개, 네 개, 혹은 그 이상의 항을 필요로 한다. 예를 들어 관계 '~ 사이에'는 세 항 이상이 있을 때만 가능하고, 두 개의 항만 존재할 때는 불가능하다. '질투' 역시 최소한 세 사람이 필요하다. "A는 B가 C와 D가 결혼하도록 중매하기를 바란다"는 명제에는 네 항의 관계가 수반된다. 거짓 가능성이 허용되기 위해서는 '판단한다'나 '믿는다'에 포함되는 관계는 여러 항을 필요로 한다. 오셀로의 경우에는 그의 정신과 '캐시오를 향한 데스데모나의 사랑'이라는 어떤 단일한 대상 사이의 관계는 존재하지 않고, '그의 정신과 그것에 관련된 다양한 대상들이 여러 번 동시에 발생하는 관계'가 존재한다. 즉, 그 관계에서는 '데스데모나'와 '사랑한다'와 '캐시오' 등이 모두 항이 되어야 하고, 따라서 '오셀로'를 포함하여 네 개 항 사이의 관계가 된다.

'믿는다'는 오셀로가 개개의 항이 아니라 모든 항들과 갖는 관계라고 말할 수 있다. 그가 자신의 믿음을 받아들이는 순간, 네 항이 하나의 복합체로 짜 맞춰지는 것이다. 우리의 믿음은 정신을 정신 자체가 아닌 여러 개의 사물들과 관련시키는 이러한 짜깁기다.

참된 판단과 거짓된 판단 사이의 구별을 좀더 잘 이해하기에 앞서 여기서 채택된 용어들의 정의를 이해할 필요가 있다. 모든 판단 행위에는 판단하는 정신이 있으며 주체라고 부른다. 그 주체가 판단하는 항목들이 대상이다. 오셀로는 "데스데모나가 캐시오를 사랑한다"고 판단하는 주체이고, '데스데모나'와 '사랑한다'와 '캐시오는 대상이다. 주체와 대상은 판단의 구성요소다. 판단 행위에서 관계는 어떤 '의미'나 '지시 방향'을 갖는다. 예를 들면, "캐시오가 데스데모나를 사랑한다"고 판단하는 관계는 "데스데모나가 캐시오를 사랑한다"고 판단하는 관계와는 전혀 다른 방향으로 항들을 이끌기 때문이다.

"믿는다는 행위가 일어날 때는 하나의 복합체가 존재하고, 그 속에서 믿는다는 연합시키는 관계이며 주체와 대상들은 그 관계의 '의미'에 의해 어떤 순서로 배열된다." '믿는다'와 '판단한다'는 다른 관계들처럼 하나의 '의미'를 갖는 속성과 여러 항들을 하나의 전체로 연합시키는 행위를 공유하는 관계들이다. 어떤 항들 사이에 하나의 관계가 존재하는 경우라면 그 항들을 하나의 복합적인 대상으로 연합시키고, 반대로 어떤 복합적인 대상이 존재하는 경우라면 어떤 관계가 작동하고 있다.

"오셀로는 데스데모나가 캐시오를 사랑한다고 믿는다"라는 명제에서 '사랑한다'는 관계는 대상들 가운데 하나인 것이 분명하다. 오셀로의 믿음 행위에서 '사랑한다'는 주체와 대상들 사이의 복합체 전체의 통일성을 형성하는 관계가 아니며, '구조물에서의 벽돌이지 시멘트가 아니다'. 여기서 시멘트는 '믿는다'라는 관계다. '대상들의 하나였던 관계가 다른 대상들과 관련되는' 경우에는 또 다른 복합체가 존재하며, 그 믿음은 참이다. 따라서 "오셀로는 데스데모나가 캐시오를 사랑한다"고 참되게 믿는다면, '캐시오를 향한 데스데모나의 사랑'이라는 복합적 대상이 있다. 그리고 믿음의 개개 대상들을 그 믿음 속에서와 똑같은 순서로 연합시키는 그 복합적 대상은 그 믿음과 참되게 대응한다.

"따라서 어떤 믿음이 그것과 관련된 어떤 복합체와 대응할 때는 참이고, 그렇지 않으면 거짓이다." 항들은 하나의 믿음 안에서 어떤 순서로 배열되는데, 그 순서 속의 항들이 그 믿음의 대상인 '사랑한다' 같은 관계를 통해 복합체로 연합된다면 그 믿음은 참이다. "오셀로는 데스데모나가 캐시오를 사랑한다고 믿는다"에서 데스데모나와 캐시오는 대상-항이고, '사랑한다'는 대상-관계라고 부른다. 만약 믿음에서와 똑같은 순서에 따라 대상-관계에 의해 연합된 대상-항들로 구성되어 있는 복합체 '캐시오를 향한 데스데모나의 사랑'이 존재한다면, 이 복합체는 '믿음에 대응하는 사실'이라고 불린다. 하나의 믿음은 그것에 대응하는 사실이 존재하는 경우에는 참이고, 그렇지 않으면 거짓이다.

:풀어보기

러셀의 진리 이론을 이해하려면, 하나의 믿음과 사실로서 존재하는 하나의 복합적 대상을 가진 그 믿음의 차이를 파악해야 한다. 하나의 믿음이 참인 것으로 발견되면, 대상들 가운데 하나에 불과했던 관계는 나머지 대상들을 결합시키는 관계로 간주된다. '사랑한다'는 나머지 대상들 사이에서 그 역할을 하는 명백한 관계가 된다. 어떤 믿음의 참이나 거짓을 알기 위해서는 대상-관계의 이중 역할을 파악해야 한다. 대상-관계가 대상들 사이에서 존재할 수 있고 사실에 대응하는 복합체를 형성하면, 그 믿음은 참이 된다. 반면, 대상-관계가 그 관계들을 사실에 대응하지 않는 하나의 복합체로 연합시키는 것에 불과한 경우에는 그 믿음은 거짓이 된다.

여기서 러셀은 우리의 추론을 위한 체계화된 바탕, 즉 참과 거짓을 구별하는 기준을 확립했다. 우리는 복합적이고 문법적인 형태를 지닌 이 기준을 통해 우리들의 믿음을 검증할 수 있다. 진리에 관한 러셀의 기준은 본질적으로 믿음과 사실 사이의 대응이다. 13장에서는 우리의 믿음들 가운데 어떤 것이 참이고 거짓인지에 대해 논한다.

Chapter 13
인식, 오류, 개연적 견해

13장에서도 진리들에 대한 인식을 논한다. 12장에서는 진리와 거짓의 의미에 관한 기준을 확립했으므로 이제 참과 거짓을 어떻게 알 수 있는가에 대한 문제를 다룬다. 우리의 믿음들 가운데 일부는 오류 가능성도 있기 때문에 그럴 가능성이 없다는 확실성은 어떤 것인지 탐구할 필요가 있다. "어떻게 우리는 무언가를 인식할 수 있을까?" 이 의문에 답하려면 먼저 '인식하는 것'과 '인식'의 의미를 결정해야 한다.

인식은 '참된 믿음'이라고 정의할 수 있다. 때때로 우리가 믿고 있는 것이 참인 경우도 있지만, 일상생활에서 '인식하다'란 말을 할 때는 우리가 믿는 것에 관한 인식을 얻는다는 식으로 사용하지는 않는다. 예를 들면, 어떤 사람이 직전 총리의 성이 B로 시작했다고 믿는다면, (러셀이 이 책을 저술할 당시인 1912년의) 그 총리는 헨리 캠벨 배너먼

경이었기 때문에 그 사람의 믿음은 옳을 수도 있다. 그런데 그 사람은 총리의 성을 밸포라고 믿고 있기 때문에 B로 시작했다는 믿음을 갖는다면, 그 믿음은 참일지라도 진정한 인식은 아닌 것이다. "참된 믿음도 거짓된 믿음에서 연역된다면 인식이 아니다." 마찬가지로 '참된 믿음도 잘못된 추론 과정'에 의해 연역된다면 그 전제들이 참이더라도 인식이라고 할 수 없다. 예를 들어 "모든 그리스인은 남자이고, 소크라테스는 남자였다"라는 전제는 참이다. 그런데 이 전제를 바탕으로 "소크라테스는 그리스인이었다"고 추론한다면, 그 결론을 인식하고 있다고 말할 수 없다. 비록 전제와 결론은 참일지언정 그 결론은 그 전제로부터 도출되지 않기 때문이다.

그렇다면, '참된 전제로부터 타당하게 연역된 것만 인식'이 되는 것 같지만, 확실히 그렇다고 말할 수는 없다. 전제가 참인 것만으로는 부족하고, 우리가 그것을 인식해야만 하기 때문이다. 그렇다고 '참된 전제'를 '인식된 전제'로 바꾸면, 순환론적인 정의가 된다. 우리가 인식된 전제들의 의미를 이미 인식하고 있다는 것을 전제하기 때문이다. 이 정의는 기껏해야 '직관적으로 인식된 전제들로부터 타당하게 연역된 파생적 인식'을 정의한다. 러셀은 직관적 인식에 대한 논의는 잠시 미루고 파생적 인식의 정의를 살펴본다.

이 정의에 대한 중요한 반론은 "그것이 부당하게 인식

을 제한한다"는 것이다. 사람들이 참된 믿음을 받아들이는 것은 타당하게 추론했기 때문이 아니라 약간의 직관적 인식과 친숙해졌기 때문이다. 어떤 것을 보고 생겨나는 믿음을 생각해 보자. 왕의 서거를 보도하는 기사를 보면, 우리는 왕이 세상을 떠났다고 정당하게 믿을 것이다. 이런 사실은 거짓이라면 행해질 수 없는 종류의 발표이기 때문이다. 그러나 여기서 우리의 믿음이 근거하는 직관적 인식은 신문을 볼 때 나오는 감각자료에 관한 인식이다. 이때 독자는 그 문자들이 의미하는 것을 이해하는 것이지 인쇄된 활자들을 봄으로써 생기는 감각자료로부터 인식을 끌어냈다고 생각하지는 않는다. 따라서 활자들로부터 그 의미로의 타당한 추론이 이뤄질 수 있지만, 그 추론은 의식적으로 일어나지 않는다. 그럼에도 불구하고 독자가 그 신문이 왕의 서거를 보도했다는 것을 인식하지 못한다고 말하는 것은 불합리하다. 따라서 '비록 단순한 연상에 의하더라도 직관적 인식의 결과로 생기는 것은 모두' 파생적 인식으로 인정해야만 한다. 이런 인식은 비록 논리적으로는 연결되어야 할지언정 논리적 추론 과정은 요구되지 않는다. 인쇄물로부터 그 의미에로 나아가는 것은 '심리적 추론', 즉 하나의 믿음으로부터 다른 믿음으로 진행하는 방식의 한 예다.

인식에 관한 더 큰 어려움은 파생적 인식이 아니라 직관적 인식이다. 파생적 인식을 검증하기 위해 직관적 인식을 활용할 수는 있지만, 직관적 인식의 참이나 거짓을 구별할 수 있는 기준을 발견하기는 어렵다. "진리들에 관한 우리의 모든 인식에는 어느 정도의 회의가 들어 있다." 그러나 우리가 확립한 자명성의 개념은 이런 어려움을 줄이는 데 기여한다.

우리의 진리 이론은 절대적 확실성을 확보해 준다는 의미에서 자명하다고 할 수 있는 어떤 진리들을 다른 것과 구별할 수 있는 가능성을 제시한다. "어떤 믿음이 참일 때는 그것에 대응하는 사실이 있고, 그 사실에서는 그 믿음의 여러 대상들이 어떤 단일한 복합체를 형성한다." 그렇게 되면, 그 믿음은 '이 사실에 대한 인식'을 구성한다. 우리는 믿음에 의해 구성된 인식 이외에도 '지각에 의해 구성된' 사실에 대한 인식도 가질 수 있다. 예를 들어 사물에 대한 인식에 의하면, 서쪽으로 지는 해를 바라보면서 해가 지고 있다는 사실을 인식할 수 있다. 그리고 해가 지고 있다는 똑같은 사실을 사실에 대응하는 믿음, 즉 진리에 대한 인식에 의해 인식할 수도 있다. 만약 어떤 사람이 일몰 시간을 알고 있다면, 그 시각에 해가 지고 있다는 사실을 인식할 수 있는 것이다. 따라서 똑같은 복합적 사실을 인식할 수 있는 방식은 이론적으로 두 가지다. 직접 대면에 의한 방식과 판단에 의한 방식.

지각과의 직접 대면에 의한 인식은 복합체의 부분들이

그 전체를 형성하기 위해 연결되는 관계를 실제로 가질 때, 즉 '그런 사실이 실제로 존재할 때만' 가능하다. 반면, 판단에 의한 진리에 관한 인식은 단지 "복합체의 부분들과 그 관계의 실재만을 필요로 한다. 관계는 그런 식으로 그 부분들을 관계시키지 않을 수도 있지만, 그렇게 관계시킨다고 (잘못) 판단할 수도 있다."

자명성에는 '진리에 대해 절대적 보장을 제공하는' 것과 부분적인 보장만 제공하는 것이 있다. 우리는 '진리에 대응하는 사실과 직접 대면할 때'만 절대적인 의미에서 그 진리는 자명하다고 말할 수 있다. "오셀로는 데스데모나가 캐시오를 사랑한다고 믿는다"에 포함된 사실은 '캐시오를 향한 데스데모나의 사랑'인데, 이 사실은 데스데모나만이 직접 대면할 수 있다. 따라서 이 진리를 자명한 것으로 간주할 수 있는 사람은 오직 데스데모나뿐이다. 심리적인 모든 사실과 감각자료에 관한 모든 사실은 이러한 사밀함을 갖는다. 개별적인 감각자료에 대한 각각의 사실은 절대적인 의미에서 한 사람에게만 자명할 수 있다. 어떤 관계를 통해 연합된 여러 용어들로 구성된 복합적인 사실을 직접 대면에 의해 인식할 수 있는 경우에 그 용어들이 그런 방식으로 관계한다는 진리가 절대적인 자명성을 갖는다고 해도 어떤 개별적인 사실에 관한 판단이 참이라는 것을 보장하지는 않는다. 왜냐하면, 우리는 지각으로부터 판단으로 나아갈 때, 먼저 하나의 복합적인 사실을 분석해야 하기 때문이다. 예를 들어 해가 빛나고 있다는 것을 지각했고, 그 복합적인 사실로부터 해가 빛나고 있다는 판단을 내렸다고 한다면, 우리는 먼저 '해'와 '빛나고 있다'를 사실의 구성요소로서 분리해야 한다." 그리고 그 과정에서 오류를 범할 수 있는 것이다.

두 번째 종류의 자명성은 직접 지각에 의해 도출되지 않는 판단에 수반되는 것이며, 확실성의 정도가 아주 높은 것에서부터 '그 믿음에 호의를 보이는 단순한 경향'에 이르기까지 여러 단계가 있다. 이것들은 감각자료 자체가 아니라 그것에 근거하는 판단들의 단계다. 예를 들어 말 한 마리가 우리에게서 멀어져가고 있을 때, 처음에 들었던 소리의 확실성은 명확하다. 그런데 그 소리를 계속 듣다보면 점점 희미해지다가 "혹시 내가 잘못 들은 것은 아니었을까, 하고 귀를 의심하는 순간이 다가오다가… 이어 더 이상 아무 소리도 들리지 않는다고 생각하게 되고, 마침내 아무 소리도 들리지 않는다는 것을 인식하게 된다." 러셀은 또 다른 예들을 제시한 다음, 자명성의 정도가 높은 것이 낮은 것에 비해 더 신뢰할 수 있다고 결론짓는다.

파생적 인식에 관한 기본적인 전제들은 어느 정도의 자명성을 가져야만 하며, 그것들로부터 연역된 결론들과 연결되어야만 한다. 파생적 인식의 경우와 마찬가지로 직관적

인식도 확실성의 정도에 비례하여 신뢰할 수 있다고 가정
한다면, 그 신뢰성은 감각자료의 존재, 논리학과 수학의 간
단한 진리처럼 아주 확실한 것으로부터 '그들의 상대에 비
해 좀더 개연성이 높을 뿐인' 판단들에 이르기까지 여러 단
계가 있다.

　　우리가 직관적인 어떤 것이나 직관으로 추론한 어떤
것을 굳게 믿고 그것이 참이라면, 우리는 인식을 지니게 된
다. 참이 아닌데도 굳게 믿는 것은 오류다. 우리가 '인식도
아니고 오류도 아닌' 어떤 것을 자명성이 낮기 때문에 믿
기를 주저할 때는 '개연적인 견해'라고 부를 수 있다. 따라
서 흔히 인식으로 간주되는 것들 대부분은 개연적 견해라
고 할 수 있다. 우리가 진리에 관한 정의(定義)로서는 거부
하면서도 진리의 기준으로는 간혹 사용하는 정합의 개념이
개연적 견해에 관해서는 유용하다. 정합적인 견해들의 집합
은 개연성 있는 각각의 개별적인 견해보다 개연성이 더 크
기 때문이다. 어떤 과학적 가설들은 이런 식으로 개연성을
획득한다. "만약 우리가 밤마다 꾸는 꿈이 낮처럼 서로 정
합적이라면, 꿈을 믿어야 할지 생시를 믿어야 할지 거의 알
수 없을 것이다." 그러나 정합성의 검증이 "꿈을 폐기하고
생시를 확인해 준다".

　　진리들에 관한 파생적 인식과 직관적 인식을 다룬 13
장의 논의는 인식에 대한 러셀의 사상을 드러내는데, 여기
서 그는 플라톤의 대화편 〈프로타고라스 *Protagoras*〉에 나
오는 질문을 던지고 있다. "어떻게 우리는 무언가를 인식할
수 있을까?" 그의 대답은 다음과 같이 요약할 수 있을 것
같다. 파생적 인식은 직관적으로 인식되는 전제들로부터
타당하게 연역되는 것이다. 심리적 추론은 우리의 파생적
인식 역량을 부분적으로 설명하는 불분명하게 전개된 중간
단계의 요인이다. 직관적 인식의 유일한 자격 요건은 어느
정도의 자명성이다. 우리는 지각적인 인식, 즉 감각자료와
의 직접 대면으로부터 자명성이 아주 높은 직관을 얻는다.
12장에서 살펴본 바와 같이 사실에 대응하는 믿음은 진리
의 이상적인 기준이다. 우리는 사실과 직접 대면하지 않고
도 판단을 내릴 수 있는데, 그 판단들은 참일 수도 있고 오
류의 여지를 남길 수도 있으며, 우리의 직접적인 지각과 멀
리 떨어져 있고 낮은 자명성을 가질 수 있다. 개연적 견해
는 자명한 진리들의 마지막 범주인데, 가장 낮은 자명성을
갖는다.

Chapter 14
철학적 인식의 한계

14장에서는 많은 철학자들이 '선험적인 형이상학적 추론을 통해 종교의 근본적 교의, 우주의 본질적 합리성, 물질의 허망성, 모든 악의 비실재성 등을 증명할 수 있다고 공언했던' 내용들에 대해 분석한다. 이 같은 논제들의 근거를 찾으려고 드는 것은 헛수고이며, 형이상학은 전체로서의 우주에 대한 인식을 획득할 수 없다. 14장에서는 그런 가설적 견해들을 검토하고, 철학이 직면하는 이해의 한계에 대해 추론한다.

프리드리히 헤겔*은 근대 형이상학을 대표하는 철학자라고 할 수 있다. 헤겔의 "주요 논제는 전체를 결여한 모

---

* **프리드리히 헤겔**(Friedrich Hegel, 1770-1831): 칸트 철학을 계승한 독일 관념론의 대성자. 합리주의적 계몽사상의 한계를 통찰하고 역사의 의미에 눈을 돌렸다. 모든 인식이나 사물은 정(正)·반(反)·합(合)의 3단계를 거쳐 전개된다는 변증법이 그의 철학과 논리학의 핵심. 주요 저서는 〈정신현상학〉 등.

든 것은 분명히 단편적이며, 세계의 나머지에 의해 보충되지 않으면 존재할 수 없다"는 것이다. 헤겔에 따르면, 형이상학자는 실재의 어느 한 부분을 보고 그 전체를 인식한다. 각각의 단편으로 분리된 부분은 고리로 '다른 부분에 연결되고 그 부분의 고리는 다시 다른 부분에 연결되면서' 전체가 재구성된다. 그 결과, 사유의 세계와 사물의 세계 속에 본질적 불완전성이 나타난다.

사유의 세계에서 추상적이고 불완전한 관념은 우리가 그것의 본질적인 불완전성을 망각하면 곧 모순에 휘말리게 되고, 이 모순은 그 관념을 반대되는 관념이나 반대 논제로 전환시킨다. 우리는 이 모순에서 벗어나기 위해 '본래의 관념과 그 반대 논제의 종합인 새로운 덜 불완전한 관념'을 찾아내는데, 여전히 불완전한 새로운 종합 관념이 다시 모순을 낳으면서 순환된다. 헤겔은 이러한 방식으로 논의를 진전시켜 마침내 '절대 관념'에 도달한다. 더 이상 발전할 필요성이 없는 절대 관념은 '절대 실재'를 기술하기에 충분하고, 그 절대 실재는 시간과 공간을 초월하며 '악하지도 않고, 완전히 합리적'이다. 우리가 모순된 것을 믿는 것은 전체에 관한 우리의 부분적인 견해 때문이다. 만약 우리가 신처럼 세계 전체를 본다면, 시간과 공간, 물질, 악, 모든 싸움이 사라지게 되며, '영원하고 완전하며 변치 않는 정신적 통일체'를 볼 수 있다.

러셀은 헤겔의 이 같은 주장이 지닌 숭고한 측면을 인정하면서도 그 논증들이 혼란스럽고 이치에 어긋나는 전제들을 가지고 있다고 지적한다. 헤겔의 사유는 '불완전한 것'은 '자존하기에 앞서 다른 사물들'의 도움을 필요로 한다는 믿음이 그 바탕이다. 그렇다면, 자신 밖에 있는 다른 사물들과 관계를 갖는 것은 모두 현재의 그것이 되기 위해서는 '그것의 본성' 안에 그 다른 사물들을 지시하는 어떤 것을 포함하고 있어야 한다. 만약 어떤 사람의 본성이 좋아하거나 싫어하는 대상들로 구성된다면, 그 대상들과의 상호 존재 없이는 현재의 그는 존재할 수 없다. 그는 본질적으로 하나의 단편인 것이 확실하고, 실재의 전체적 관점에서 보면 '자기모순이 될 것'이다. 헤겔의 관점은 '본성'을 '사물에 대한 모든 진리'로 정의하는 것에 근거한다. 이 견해에 따르면, 우리는 어떤 사물이 세계 안에 있는 다른 모든 사물들과 갖는 관계를 전부 모르면 그 사물의 본성을 인식할 수 없다.

어쨌든 우리는 어떤 사물에 대한 명제들을 모르더라도 직접 대면에 의해 그것을 인식할 수 있다. 따라서 그 사물과의 직접 대면은 그것의 본성에 관한 인식은 수반하지 않는다. "어떤 사물과의 직접 대면은 그것이 갖는 관계들에 대한 인식을 논리적으로 수반하지 않고, 더 나아가 그 관계들에 대한 인식은 그 관계들 모두에 대한 인식이나 그 사물의 '본성'에 대한 인식을 수반하지 않는다." 예를 들어 이가 아픈 사람은 치과의사처럼 치통의 본성을 인식하지 못하더라도 직접 대면에 의해 치통을 완전하게 인식한다. 어떤 사물이 관계들을 갖는다는 사실은 그 관계들이 '논리적으로 필연적'이라는 의미는 아니기 때문이다. 다시 말해, 어떤 사물이 현재의 그것이라는 단순한 사실로부터 그 사물이 현재의 그것이기 위해 반드시 그 관계들을 가져야 한다고 연역할 수는 없다. 오히려 그 관계들은 우리가 이미 인식하고 있기 때문에 도출되는 것처럼 보인다.

단어 '본성'을 헤겔과 같은 의미로 사용하면 안 된다는 반론으로부터 우리는 하나의 조화로운 전체라는 헤겔의 가설을 증명할 수 없으며, 그가 연역한 시간과 공간의 초월성, 물질, 악의 비실재성도 믿을 수 없게 된다. 그 결과, 우리는 '세계에 관한 부분들을 다시 탐구하게 되고, 경험 밖에 있는 그 부분들의 본성은 인식할 수 없다. 이러한 회귀는 '귀납적이고 과학적인 우리 시대의 성향'과 이 책에서 논의한 인식에 관한 전반적인 검토와 부합한다.

헤겔처럼 다른 형이상학자들도 분명한 실제 세계의 부분들이 자기모순이기 때문에 실재할 수 없다는 것을 증명하려고 애썼다. 그러나 이제 '현대적 사유의 추세'는 '그 부분들에 관해 전제된 모순은 착각에 불과하고, 존재해야만 한다고 생각되는 것으로부터 선험적으로 증명될 수 있는 것은 거의 없다는 사실을 밝히는 방향'으로 나아가고 있다.

하나의 예로 시간과 공간은 '그 범위가 무한하다'. 즉 우리는 끝없이 뻗어나가는 하나의 직선과 연속적인 시간의 시작점이나 끝점에 도달한다는 것은 불가능하다고 믿는다. 또한 우리는 일직선 위의 어떤 두 점 사이와 시간 속의 어떤 두 순간 사이는 그 사이를 반으로 나누고 그렇게 나눈 반을 또 다시 반으로 나누는 것이 무한히 지속될 수 있다고 생각하기 때문에 시간과 공간은 '무한한 분할이 가능하다'고 믿는다. 그러나 이 같은 속성이 착각임을 증명하고, 사물들의 무한한 집합은 불가능하다는 것을 밝히려고 애쓴 철학자들도 있다. 시간과 공간의 분명한 현상적 속성과 무한한 특성과 무한한 집합에 대해 전제된 불가능성 사이에 끼어 있는 모순에 처음 주의를 기울인 칸트는 시간과 공간의 불가능성을 연역했고, 그 불가능성은 '단순히 주관적인 것'이라고 단언했다. 그 이래로 시간과 공간은 실재적인 것이 아니라 단순한 현상이란 믿음은 '형이상학적 논증을 구성하는' 하나의 커다란 근원이 되었다.

그러나 수학이 발전하면서 '무한 집합의 불가능성은 오류'였다는 사실이 증명되었다. 무한한 집합들은 실제로 자기모순이 아니라 어떤 고정된 정신적 편견과 모순될 뿐이다. 수학자들은 많은 다른 종류의 공간들도 존재할 수 있다는 것을 증명했다. 이전에도 철학자들이 필연적 진리라고 전제했던 일부 유클리드 공리들의 그 필연성은 "현실적 공간에 대한 우리의 친숙성에 기인하는 것이지 선험적인 논리적 근거에서 나온 것은 아니다". 논리학은 우리의 경험에 근거하지 않는 다른 세계들의 존재 가능성을 보여주었다. 따라서 '존재하는 것에 대한 우리의 인식'은 줄어들었지만, '존재할지도 모르는 것에 대한 인식'은 확장되었다.

시간과 공간에 대한 지적인 발전과 더불어 '선험적 원리들에 의해 우주를 규정하려는 다른 시도들은 수포로 돌아갔다'. 논리학은 이전처럼 상상력을 가로막는 장애물이 아니라 그 해방자가 되어 무반성적 상식 속에 갇혀 있던 수많은 다른 생각들을 표현하게 만들며, 논리학이 우리의 선택을 위해 제공한 많은 세계들 가운데 결정이 가능한 곳에서는 그 결정의 임무를 경험에 넘겨준다. 따라서 현실적으로 존재하는 것에 관한 인식은 '우리가 경험으로부터 배울 수 있는 것'으로 제한된다. 그렇다고 해서 그 인식이 '우리가 실제로 경험할 수 있는 것'에만 국한되지는 않는다. 우리가 직접 경험하지 못한 사물에 대해서는 기술구에 의해 인식할 수 있기 때문이다. 우리는 감각자료를 통해 그것에 의해 함축되는 물리적 대상들을 추론할 수 있는데, 그러기 위해서는 그 추론을 가능케 해주는 보편자들과의 어떤 연계가 필요하다. 그리고 이 원리에 의해 우리는 간접 경험을 통해 물리적 대상들에 관한 인식을 획득할 수 있게 된다.

러셀은 더 이상의 설명 없이 진리들에 관한 인식 탐구

의 정점을 장식하는 결론을 내린다. "진리들에 관한 다른 모든 인식의 근원인 직관적 인식은 두 종류다. 하나는 우리가 직접 대면하는 개별자들이 지닌 어떤 속성들의 존재를 알려주는 순수한 경험적 인식이고, 다른 하나는 보편자들 사이의 연계를 부여하고 경험적 인식 속에 주어진 개별적 사실들로부터 추론을 할 수 있게 해주는 순수한 선험적 인식이다. 그런가 하면, 파생적 인식은 부분적으로는 약간의 선험적 인식과 또한 약간의 경험적 인식에도 근거한다.

철학과 과학은 방법론적인 관점에서 유사하고, 두 학문의 결과들도 '근본적으로 다르지 않다'. 본질적으로 다른 것은 철학의 비판 정신이다. 철학은 일상생활과 과학에서 당연시하는 원리들을 비판적으로 검토하여 어떤 모순이나 불일치를 찾아내며, 검토 결과에 의해 거부할 명백한 이유가 없을 경우에는 받아들인다. 철학의 특성을 인식에 대한 비판 정신이라고 할 때, 회의주의에는 어떤 제한을 가해야 한다. '절대적 회의주의'만 아니라면 회의적인 태도는 언제나 긍정적이고 생산적인 영향을 미친다. '텅빈 회의'로부터는 어떠한 논증도 시작할 수 없고, 그것을 논박하는 어떠한 주장도 진전될 수 없다. 이런 종류의 회의주의는 '파괴적'이고 '비합리적'이며, 소위 '철학의 본질'인 데카르트의 방법적 회의와는 전혀 다르다. 인간은 실수할 수 있기 때문에 인식도 항상 오류를 범하기 쉽다. 그러나 의심스러운 것은 모두 의심하는 이 방법을 통해 철학은 인식에서의 '오류 위험성'을 줄인다고 정당하게 주장할 수 있다.

러셀은 헤겔의 체계가 사밀한 경험의 한계를 뒤덮고 초월하기 위한 시도라고 암시한다. 헤겔 철학의 요지는 완전하고 공개적인 공간에 접근할 수 있다는 철학적 태도라는 것. 그러나 헤겔의 주장은 매력적이지만 증명되지 않은 가정들에 근거한다. 러셀은 그 가정들이 논리적으로 불완전하다는 사실을 알아보기 전에 그의 논증들을 검토하고, 형이상학적 체계들 대신 '철학의 신중한 주창자로서의' 장점과 습성에 대해 논한다. '방법적 회의'는 감각자료와 물리적 대상들에 관해서는 성공을 거두었다. 곰곰이 생각해 보면, 우리는 물리적 대상들이 감각자료에 정확히 대응한다는 선험적 믿음이 아니라 감각자료의 정직성에 대한 믿음을 갖고 있었다. 러셀의 형이상학은 궁극적으로는 너무 체계적이고 복잡하지만, 이 예와 일치하는 그의 철학적 방법은 온건하다.

Chapter 15
철학의 가치

15장은 철학적 사유의 가치와 철학을 탐구하는 이유에 대해 논한다. 철학을 '쓸데없는 구별'이나 일삼고 하찮은 문제들이나 따지는 논쟁에 불과하다고 의심하는 사람들은 '실용적인 사람들'이다. 이러한 견해는 "삶의 목적과 철학이 달성하고자 애쓰는 성과에 대해 잘못된 개념을 갖고 있기 때문이다". 물리학 연구는 그 발명을 통해 인류에게 널리 영향을 미치는 반면, 철학 탐구는 주로 탐구자의 삶에만 영향을 미치고 다른 사람들에게는 탐구자들의 삶에 대한 효과를 통해 간접적으로만 가치를 갖는다. 따라서 철학의 주된 가치는 탐구자들에게서 찾아보아야 한다. 그러나 철학적 사유의 가치를 판단하려는 노력이 실패하지 않으려면, 우리의 정신이 실용적인 편견으로부터 벗어나야 한다. 실용적인 사람은 육신에 필요한 음식과 물질적인 욕구를 채우는 일에만 급급하지만, 철학적인 태도는 정신에도 음식이 필요하다는 점을 인정한다.

철학의 목표는 우리의 확신, 편견, 믿음의 근거를 비판하고 검토하여 인식을 획득하는 것이다. "그 인식은 과학이란 몸체에 통일성과 체계를 부여한다." 그러나 철학은 역사학, 수학, 물리학처럼 명확한 인식들의 실질적인 체계를 갖추지 못하고 있다. 그 이유의 일부는 어떤 철학적 주제에 관해 확정적으로 단정할 수 있는 인식이 가능해지면, 그것은 곧 철학에서 떨어져나가 개별 과학이 되기 때문이다. 천체, 자연과학, 인간의 정신에 대한 연구는 한때 철학에 포함되었지만, 지금은 천문학, 물리학, 심리학 등에 속한다. 따라서 명확하게 단정할 수 있는 답변에 관한 "철학의 불확실성은 실제보다 훨씬 더 분명하게 드러난다".

그런데 부분적으로 철학의 불확실성은 철학이 해답을 찾고자 애쓰는 문제들의 본질적인 성격에서 비롯되고, 그 문제들은 아주 심오한 인간의 관심사들을 취급한다. "우주는 어떤 통일된 계획이나 목적을 가지고 있는가, 아니면 그것은 원자들의 우연한 집합에 불과한가? 의식은 지혜가 끝없이 성장할 수 있다는 희망을 안겨주는 우주의 영원한 일부인가, 아니면 결국 삶이 불가능해질 작은 혹성 위에서 일어나는 덧없는 우연인가? 선과 악은 우주에 중요한 것인가, 아니면 인간에게만 중요한 것인가?" 이 의문들이 원대하고 심오하다는 점 이외에도 철학이 제시하는 답들은 대개 '논증적으로 참'이 아닌 것처럼 여겨질 수 있다. 그러나 철학적 탐구의 목표는 단순히 그런 문제들에 답하는 것이 아니라 우리에게 그 문제들의 중요성을 깨닫게 해주고, 그렇지 않으면 자칫 잊을 수도 있는 '우주에 대한 사변적인 관심'을 계속 갖도록 하는 것이다.

물론, 일부 철학자들은 종교적인 믿음, 인간의 인식, 그리고 다른 문제들에 대해 확정적인 결론을 제시하는 사상 체계를 발전시키기도 했지만, 그런 시도는 대부분 교조적이고 독단적인 발표다. 우리는 어떤 확정적인 해답이나 심지어 높은 정도의 확실성조차 바라서는 안 된다.

사실상 철학의 가치는 바로 그 불확실성 속에서 나타난다. "철학에 전혀 무관심한 사람은 상식, 자기 나라나 당시의 통념, 신중한 이성의 협동작용 없이 자기 정신 속에서 자라난 확신으로부터 파생된 편견 속에 갇혀 살아간다." 그런 사람은 일상적인 대상들에 대해 아무런 의문도 제기하지 않고, 그 대상들의 모습과 친숙하지 않은 가능성들은 쉽게 거부한다. 그러나 철학을 하면, 가장 일상적인 사물들조차 예사롭지 않은 관점에서 보게 된다. 그런 태도는 우리가 세상에 대해 갖는 확실성의 느낌은 감소시키지만, '우리의 사유를 확장시키고 인습의 횡포에서 해방시켜줄' 수많은 가능성을 제시한다. 즉 우리는 사물들의 실상에 대한 확신은 조금 잃지만, 그것들의 잠재성에 관한 인식을 얻게 되는 것이다. 철학은 의심을 통해 '오만한 독단주의'를 없애고, '우리의 경이감'을 해방시켜준다.

또한 철학적 사유는 철학이 관조하는 사물들 및 그것들이 '개인적인 목표'와 '사적인 관심'과는 별개라는 사실에 의해 가치를 갖는다. 철학은 우리에게 바깥세계를 받아들이게 하고 관심을 확장시켜준다. "어떤 식으로든 우리의 삶이 위대하고 자유로우려면, 사적인 세계의 감옥으로부터 탈출해야만 한다." 사적인 세계에 의존하는 것은 모두 관조의 '대상을 왜곡하고', 그 대상과 지성의 합일을 가로막는다. 철학적 관조는 자아를 확장시켜 사적인 세계에서 벗어나도록 돕는다. 철학의 주된 가치는 어떤 종류의 확정적인 해답이 아니라 의문들 자체에 있다. "철학이 관조하는 우주의 광대함을 통해 인간의 정신도 광대해진다."

러셀은 철학적 관조와 관련한 자기과시의 위험성을 경고한다. 추구하고 있는 인식의 대상들이나 성격을 예상하는 탐구는 자아의 확장을 가로막는다. 자아의 확장은 그러한 예상 없이 인식을 향한 욕구만 작용하면서 자아가 대상들 속에서 발견하게 된 성격들에 익숙해지도록 만드는 탐구에 의해 이루어진다. 만약 세계는 현재 상태의 자아와 흡사하기 때문에 익숙하지 않은 듯이 보이는 것을 배제하고도 세계에 대한 인식을 얻을 수 있다는 사실을 증명하려고 한다면 자기과시의 형식이 될 것이고, 그러한 자기과시는 자아

밖의 세계를 자아 이상으로 설명될 수 없게 만든다. 따라서 자아를 확장시키려면, 우리는 '비자아'로부터 출발해야 하고, "우주의 무한성을 통해 그것을 관조하는 정신은 우주와 그 무한함을 어느 정도 공유하게 된다". 자아와 비자아의 결합은 '우리가 우주를 우리 자신들 속에서 발견하는 것과 강제로 일치시키려는 시도가 아니라' 인식을 구성한다.

·풀어보기

　　러셀은 논의를 마무리하는 시점에서 재차 관념론적인 태도의 해로운 영향에 대해 언급한다. "인간은 만물의 척도이고 진리는 인간이 만든 것이며, 시간과 공간과 보편자들의 세계는 정신의 속성이고, 정신에 의해 창조되지 않은 것이 존재한다면 그것은 인식될 수 없다는 견해에 동조하는 경향이 널리 퍼져 있다." 이런 태도는 '관조를 자아에 속박시키기 때문에' 철학의 가치를 빼앗고, "우리와 저 너머의 세상 사이에 결코 뚫고 나갈 수 없는 장막을 드리운다".

　　러셀은 철학적 분석을 통해 관념론의 장막을 걷어치우는데, 물리적 세계는 정신과 독립적으로 존재한다는 형태를 취한다. 이 과정에서 그는 자기의 장막을 다시 구축한다. 물리적 대상들은 실재하며 정신과 독립된 것이라고 믿으면서 우리가 그것들과 직접 대면하지는 않는다고 생각했던 것.

Review

Quotable Quotes

다음은 주요 인용구 해설입니다.

1. 물리적 대상들에 관한 우리의 인식은 어떤 사례도 주어질 수 없는 일반적 인식의 가능성에 전적으로 의존한다. 그리고 이것은 다른 사람들의 정신에 대한 우리의 인식, 또는 직접 대면에 의해 우리에게 인식되는 사례가 없는 어떤 다른 부류의 사물들에 대해서도 똑같이 적용된다.

   ― 10장에서는 선험적 인식 능력에 대해 간결하게 논한다. 러셀은 물리적 세계에 대한 우리의 인식은 직접 대면한 감각자료로부터 끌어낸 추론을 통해 간접적으로만 얻을 수 있다고 주장한다. 추론의 활용은 직접적인 경험 없이도 어떤 사물을 인식할 수 있다는 가능성에 의존한다.

2. "철학에 전혀 무관심한 사람은 상식, 자기 나라나 당시의 통념, 신중한 이성의 협동작용 없이 자기 정신 속에서 자라난 확신으로부터 파생된 편견 속에 갇혀 살아간다."

   ― 러셀은 철학의 가치는 바로 그 불확실성에서 나타난다고 주장하고, 가능성에 대한 성찰이나 이론에 폐쇄적인 사유 방식을 비판한다. 그러나 철학을 하면, 가장 일상적인 사물들조차 예사롭지 않은 관점에서 보게 된다. 우리가 호기심을 작동시킴으로써 '인습의 횡포'에서 벗어날 때, 세상에 대

한 우리의 감각과 경이감이 확장되는 것이다. 여기서는 "성찰되지 않은 삶은 살아갈 가치가 없다"는 소크라테스의 유명한 금언이 생각난다.

3.   우리는 먼저 사물들에 대한 인식과 진리들에 대한 인식을 구별해야 한다. 각각의 인식에는 다시 두 종류가 있는데, 하나는 직접적인 것이고 다른 하나는 파생적인 것이다. 사물들에 대한 즉각적인 인식, 소위 직접 대면에 의한 인식은 인식된 사물들이 개별자들인지 보편자들인지에 따라 두 종류로 구성된다. 개별자들 중에서 우리는 감각자료 및 (개연적으로) 우리들 자신과 직접 대면한다. 보편자들 중에는 직접 대면에 의해 인식될 수 있는 것들을 결정할 수 있는 원리가 없는 것 같지만, 그렇게 인식될 수 있는 것들 중에는 감각질, 공간과 시간의 관계, 유사성, 그리고 어떤 추상적인 논리적 보편자들이 있다는 것은 분명하다. 우리가 기술구에 의한 인식이라고 부르는 사물들에 대한 파생적 인식에는 언제나 어떤 사물과의 직접 대면에 의한 인식과 진리들에 대한 인식이 모두 수반된다. 진리들에 대한 즉각적 인식은 직관적 인식이라고 부를 수도 있으며, 이렇게 인식된 진리들은 소위 자명한 진리들이다. 그 같은 진리들 속에는 감각에 주어진 것을 단순히 진술하는 것들, 논리학과 수학의 어떤 추상적인 원리들, 그리고 (비록 확실성은 좀 약하지만) 윤리적인 명제들이 포함된다. 진리들에 대한 파생적 인식은 자명한 연역의 원리를 사용하여 자명한 진리들로부터 연역할 수 있는 모든 것들로 구성된다.

─ 러셀은 〈철학의 문제〉에서 논했던 진리의 근원에 대해 철학적 용어들을 써서 이렇듯 간단치 않은 결론을 내리고 있다. 이 결론을 자세히 읽어보면 그가 개별적으로 다루었던 모든 개념들의 방향과 상호 관계를 좀더 잘 이해할 수 있다.

4. 자유로운 지성은 마치 신이 볼 수 있는 것처럼 여기와 지금 없이, 희망과 두려움 없이, 관습적인 신앙과 전통적인 편견의 속박 없이, 전적으로 인식만을 욕구하면서 차분하고 냉정하게 모든 것을 볼 것이며… 자유로운 지성은 배타적이고 개인적인 관점과 드러내는 만큼 많이 왜곡하는 감각기관을 가진 신체에 의존하는 감각이 가져다 주는 인식보다는 역사의 사밀한 사건들이 개입하지 않는 추상적이고 보편적인 인식에 좀더 가치를 둘 것이다.

— 러셀은 다시 한 번 철학의 가치를 밝히고 있는데, 여기서는 그의 형이상학적 위계를 밝힌다. 보편적 인식은 개별자들에 대한 인식보다 우월하다. 우리는 추론 과정과 사유에 의해 자유로워진 지성 없이는 온전한 인식을 지닐 수 없다는 것이 러셀의 생각이다. 우리의 감각은 단지 '사밀한 사건들'의 세계를 우리가 직접 접하게 할 뿐이고, 심지어 그런 인식마저 왜곡한다.

5. (a) 어떤 종류의 사물 A가 어떤 다른 종류의 사물 B와 연관되어 있는 것이 발견되고, B라는 종류의 사물과 분리되어 있다는 것이 발견되지 않을 때, A가 B와 연관되어 있는 사례의 수가 많아질수록 그들 가운데 하나가 현존하는 것이 인식되는 새로운 사례에서도 그들이 연관될 개연성은 더 커진다. (b) 똑같은 상황에서 연관성을 지닌 사례의 수가 충분히 많아지면 새로운 연관의 개연성은 거의 확실성이 되고, 점차 제한 없는 확실성에 접근한다.

(a) A라는 어떤 현상이 한 번 발생하는 경우에 B라는 다른 현상이 일어나는 경우와 관련이 있다는 것이 파악되었고, 반대로 A라는 어떤 현상이 한 번 발생하는 경우에 B라는 다른 현상이 일어나지 않는 경우가 없다는 사실 또한 파악되어 있을 때, A라는 현상과 B라는 현상이 발생하는 경우의 사례가 커질수록 두 가지 현상 가운데 한 가지 현상이 일어난다면 나머지 다른 현상이 일어날 가능성은 커진다. (b) 똑같은 상황에서 두 현상이 관련이 있는 경우의 사례의 수가 상당히 크다면 새로운 경우에도 두 현상이 관련이 있을

가능성은 거의 확실한 수준에 이르게 되고, 그 확실한 수준은 예외가 없는 수준에 가까워진다.

— 귀납의 원리에 대한 설명이다. 러셀은 귀납의 원리를 두 부분으로 나눠 설명하고, 미래에 대한 우리의 기대를 관찰함으로써 이 원리를 발전시킨다. 이 원리에 따르면, 미지의 사물들에 대한 최고의 확실성은 A가 B의 발생을 예시하는 경우가 점점 많아질수록 미래에 그 같은 경우가 발생할 사례의 개연성이 더 높아질 것이란 점이다.

원 제목: The Problems of Philosophy

저자: 버트란트 러셀 Bertrand Russell

저자의 생몰 연대: 1872-1970

저자의 국적: 영국

철학적 성향: 이 저서는 분석철학의 초기 초석이며, 간행 이후 철학적 문제들에 관한 명시적 '분석'이 널리 퍼짐.

집필 언어: 영어

집필 시기와 장소: 트리니티 대학 특별연구원이던 1910년부터 1912년 사이

초판 출판 연도: 1912년

출판사: Home University Library

화자: 1인칭 관점

이 저서에서 언급된 철학자들: 르네 데카르트, 버클리 주교, 임마누엘 칸트, 프리드리히 헤겔

본질적인 형이상학 특징: 이 저서는 경험의 주된 사실로서의 감각자료라는 획기적인 관념을 구축하고, 우리는 그것으로부터 인식에 대한 다른 관념들을 구성한다.

저자로부터 시작된 철학 사조: 분석철학

저자의 주된 철학적 관심사: 논리학, 수학, 인식론

저자가 교육받은 지적 전통이었으나 나중에 반기를 들었던 철학 사조: 영국 관념론

저자의 실재론적 관점을 완화시킨 논리적 이론: 기술구 이론

저자가 수학하고 강의한 학교: 캠브리지 대학교 트리니티 대학

저자가 자신의 탐구 방법으로 모방한 철학적 방법: 데카르트의
방법적 회의

다음 질문에 대해 간단히 서술하시오.(−부분은 참고만 할 것)

1. 러셀이 주장하는 직접 대면에 의한 인식과 기술구에 의한 인식의
    근본적 차이를 개략적으로 설명하라.

    — 우리는 두 가지 방식으로 사물에 대한 인식을 얻는다. 직
    접 대면에 의한 인식과 기술구에 의한 인식이 그것이다. 전
    자는 우리 자신의 감각자료에 대한 즉각적인 자각을 수반한
    다. 우리는 직접 대면을 통해 추론 없이 어떤 사물을 직접적
    으로 알아차린다. 직접 대면에 의한 인식은 진리들에 대한
    인식과 논리적으로 독립된 것이다. 기술구에 의한 인식은 우
    리가 직접 대면하는 어떤 것, 감각자료, 그리고 "그렇고 그
    런 감각자료는 그 물리적 대상에 의해 초래된다"는 내용의
    기술구를 이해하는 것 같은 진리들에 대한 인식에 근거한다.
    따라서 기술구에 의한 인식은 우리가 직접 대면하지 못한
    사물들을 통해 우리가 경험하지 못한 사물들에 대한 인식을
    추론하게 해준다.

2. 관념론이란 무엇이며, 그것의 인식론적 견해에 대해 러셀은 어떻게
    반응하는가?

    — 관념론은 "존재하는 것은 무엇이든, 또는 어쨌든 존재한
    다고 인식될 수 있는 것은 무엇이든 어떤 의미에서건 정신
    적인 것이다"라고 믿는 철학적 견해다. 러셀은 관념론의 논
    증들이 잘못된 추론에 근거한다고 믿기 때문에 거부한다. 대
    표적 관념론자인 버클리 주교는 '관념'이라는 똑같은 단어
    를 사용하여 두 개의 전혀 다른 사물을 나타낸다. 하나는 우
    리가 인식하게 되는 사물이고, 다른 하나는 그 사물을 파악
    하는 실제 행위를 표현하는 것. 후자는 정신적인 것이 분명

하지만, 전자의 '사물'은 전혀 정신적인 것 같지 않다. 관념론자들은 '관념'의 객관적 의미를 파악이라는 정신적인 의미로 착각하고 있다. 대신 러셀은 사물들은 우리의 정신과 독립적으로 존재하며 물리적 세계에서 물질로 구성된다는 인식 이론을 옹호한다.

3. **보편자와 개별자의 차이에 대해 설명하라. 러셀의 인식 이론에서 보편자와 개별자는 어떤 의미를 지니는가?**

    — 러셀은 물리적 세계에서의 대상들은 탁자처럼 물질로 구성된다고 믿고 있다. 이것들은 모두 개별자들이며, 주어진 시간에 한 장소에 존재하고 보편자들을 예증한다. 그 보편자는 개별자들이 공통된 본질을 끌어내는 이상이다. 보편자들에는 성질, 속성, 관계들이 내포되어 있다. 흰 종이는 모든 흰 사물에 공통적인 보편자 '흼'을 예증하는 하나의 개별자다. 개별자는 감각자료와의 직접 대면에 의해 인식될 수 있다. 우리는 개별자들로부터 연역 과정을 통해 보편자들을 파악한다.

4. **사물들에 대한 인식과 진리들에 대한 인식은 어떻게 다른가? 입증할 수 있고 오류에 빠질 수도 있는 인식은?**

5. **러셀은 철학적 탐구 방식이 인류 또는 전반적 선에 보탬이 된다고 주장하는데, 어떤 의미에서 그렇다는 것인가?**

6. **선험적 인식의 개념에 대한 러셀의 분석을 논하라. 그리고 그것은 분석성의 개념과 어떻게 구별되는가?**

7. 우리의 인식 가능성에 대한 러셀의 견해에 의하면, 실재는 우리의 주관적 생각 속에 있는가, 아니면 우리의 정신과는 독립된 것인가?

8. 감각자료란 무엇이며, 우리는 그것을 어떻게 얻는가?

9. 러셀에 의하면, 인식에 대한 철학적 탐구에서 어떤 형태의 탐구들이 결실을 얻지 못하는가? 이렇게 실패한 철학적 체계들의 예를 몇 개 꼽아라.

10. 진리란 믿음과 사실 사이의 정합에 있다는 이론을 펼치는 러셀은 주체, 대상들, 대상-관계들로 구성된 '오셀로' 명제에서 믿음과 사실을 어떻게 비교하고 있는가?

다음 질문에 알맞은 답을 고르시오.

1. 러셀이 〈철학의 문제〉 서두에서 의문점들을 제기하기 위해 활용한 데카르트식 사유 방식은?

   A. 절대적 회의

   B. 경험론

   C. 방법적 회의

   D. 분석

2. 러셀이 바깥세계의 물리적 대상의 대표적인 예로 꼽은 것은?

   A. 창

   B. 탁자

   C. 풍선

   D. 손

3. 러셀에 따르면, 칸트의 혁신적 사상은?

   A. 분석적이지 않은 선험적 인식

   B. 경험에 대한 인식

   C. 인식론

   D. 종합적이지 않은 선험적 인식

4. 감각자료의 예로 가장 적합한 것은?

   A. 실 뭉치

   B. 탁자

   C. 어떤 색깔의 반점

   D. 정신

5. 우주를 어떤 하나의 단편으로부터 조화로운 전체로 재구축하는 것은 누구의 형이상학적 체계인가?

  A. 버클리 주교

  B. G. W. 라이프니츠

  C. 프리드리히 헤겔

  D. 임마누엘 칸트

6. 비판자들은 러셀의 철학이 어떤 실재론을 옹호한다고 말하는가?

  A. 직접적 실재론

  B. 플라톤적 실재론

  C. 반실재론

  D. 분석적 실재론

7. 러셀이 최초로 구별하는 인식은?

  A. 진리들에 대한 인식

  B. 현상에 대한 인식

  C. 실재에 대한 인식

  D. 회의에 대한 인식

8. 감각자료에 대한 최상의 정의는?

  A. 감각의 또 다른 단어

  B. 인간의 신경

  C. 물리적 대상들의 표지

  D. 답 없음

9. 러셀에 의하면, 관념론을 잘못 이해하고 있는 사람은?

  A. 버클리 주교

  B. A. N. 화이트헤드

C. 르네 데카르트

D. 데이비드 흄

10. 다음 중 합리론자는?

A. 로크와 흄

B. 칸트와 스피노자

C. 헤겔과 비스마르크

D. 데카르트와 라이프니츠

11. 러셀이 합리론자에 대해 논할 때 가진 주된 관심사는?

A. 이성에 대한 그들의 믿음

B. '내재적 원리들'에 의한 인식에 대한 그들의 믿음

C. 경험에 대한 그들의 믿음

D. 기술구에 의한 인식에 대한 그들의 믿음

12. 러셀이 흥미를 가졌던 경험론자는?

A. 버클리, 라이프니츠, 브래들리

B. 칸트와 라이프니츠

C. 로크, 버클리, 흄

D. 답 없음

13. 인식에 대한 경험론자들의 견해는?

A. 인식은 경험에 근거한다.

B. 인식은 논리에 근거한다.

C. 인식은 사유의 실험에 근거한다.

D. 인식은 불가능하다.

14. 러셀은 선험적 인식에 대한 논의를 시작하기 위해 어떤 개념을 활용하는가?

A. 내재적 원리들

B. 수학

C. 보편자

D. 직관

15. 보편자의 예로 가장 적합한 것은?

A. 태양계의 모형

B. 빨강색 반점

C. 질문

D. 공간 관계

16. 개별자의 예로 가장 적합한 것은?

A. 힘

B. 흰 종이

C. 어떤 추론

D. '~의 왼쪽'

17. 러셀이 대상-항들과 대상-관계들을 만들기 위해 활용한 예는?

A. 오셀로, 데스데모나, 캐시오, 사랑하기

B. 햄릿, 오필리어, 사랑하기

C. 오셀로, 데스데모나, 캐시오, 미워하기

D. 햄릿, 오필리어, 폴로니어스, 사랑하기

18. 러셀은 보편자 이론을 이끌어내는 이론은?

A. 버클리의 관념론

B. 헤겔의 보편자 이론

C. 플라톤의 이데아론

D. 소크라테스의 인식 이론

19. 기술구에 의한 인식은 두 가지 기준에 근거한다. 그 중 하나는?

A. 연역에 의한 어떤 사물에 대한 인식

B. 직접 대면에 의한 어떤 사물에 대한 인식

C. 간접적 대상

D. 어떤 기술구에 대한 인식

20. 사례들을 통해 일반화에 대한 인식을 얻는 논리적 과정은?

A. 연역

B. 귀납

C. 비교

D. 기술

21. 개별자들을 통해 보편자들에 대한 인식을 얻는 논리적 과정은?

A. 연역

B. 귀납

C. 비교

D. 기술

22. 감각자료를 경험할 때 갖게 되는 경험의 종류는?

A. 공개적인

B. 중립적인

C. 직관적인

D. 사밀한

23. 〈철학의 문제〉는 러셀이 어떤 철학적 사상을 지녔을 때 저술했는가?

    A. 구조적 실재론

    B. 중도적 실재론

    C. 극단적 실재론

    D. 허무적 실재론

24. 러셀은 어떤 실재를 믿는가?

    A. 불완전한

    B. 의존적인

    C. 유동적인

    D. 독립적인

25. 러셀에 의하면, 사물들에 대한 인식을 얻는 두 가지 방법 가운데 하나는?

    A. 귀납에 의한 인식

    B. 믿음에 의한 인식

    C. 선험적 인식

    D. 기술구에 의한 인식

정답

1. C   2. B   3. A   4. C   5. C   6. B   7. A   8. C   9. A   10. D

11. B   12. C   13. A   14. A   15. D   16. B   17. A   18. C   19. B   20. B

21. B   22. D   23. B   24. D   25. D

一以貫之 논술노트

인식의 문제에 대한 철학적 탐구와 그 의의를 다룬 철학 입문서 ㅇ

실전 연습문제 ㅇ

一以貫之는 '논어'에 나오는 말로 '모든 것을 하나의 이치로 꿴다'는 뜻입니다.

논술의 주제와 문제 유형, 제시문들은 참으로 다양하고 가지각색입니다. 그러나 그 모든 것을 하나로 꿸 수 있습니다. '인간사회의 보편적 문제들에 대한 근원적인 물음에 답하는 자기 나름의 견해'라는 것이지요. 논술은 인간이면 누구나 부닥치는 개인적 또는 사회적 문제들에 대한 자기 나름의 고민이자 성찰입니다. 논술은 자기견해, 자기 가치관, 자기 삶에 대한 솔직한 고백입니다.

一以貫之 논술연구모임은 '자신의 물음'과 '자신의 생각'을 갖고 '자신의 글'을 쓸 수 있도록 도와줍니다.

〈집필진〉
이호곤, 김재년, 우한기, 박규현, 김법성, 김병학, 도승활, 백일, 우효기, 조형진

인식의 문제에 대한 철학적 탐구와
그 의의를 다룬 철학 입문서

▌들어가며

〈철학의 문제〉는 98세까지 살면서 철학적 탐구를 멈추지 않았던 버트란트 러셀이 1912년에 쓴 초기 저작이다. 러셀은 대체로 1918년 무렵까지 이 책에 나오는 입장을 유지했지만 그 후로는 이 책에서 제기되는 문제들과 계속 씨름하면서 입장을 바꿔갔다. 나는 특별히 러셀의 철학을 연구과제로 삼은 전문가가 아니기에 철학자로서 러셀의 입장이나 사상을 전체적으로 이해하기 위한 것에 초점을 두고 이책을 읽기보다는 여기서 제기하는 질문들과 러셀의 응답을보면서 철학에서 가장 기본적인 인식론의 문제들이 어떻게제기되고 다뤄지고 있는지, 그리고 그러한 철학적 탐구 또는 사색이 어떤 한계나 의의가 있는지를 보려고 했다.

1. 인식론의 기본 문제들에 대한 탐구

1장부터 5장까지는 인식론에서 가장 중요한 문제들을 탐구한다. 1장 "현상과 실재"에서는 책상(탁자)을 사례로 우리는 책상의 감각적 현상과 실재는 다르다는 점 외에는 책상에 대한 어떤 앎도 확정할 수 없고, 책상이라는 실재의 존재 유무와 그 본성에 대해 '무엇이든 추측할 수 있음'을 보여준다. 이것을 통해 러셀은 일상의 가장 상식적인 생각마저 비판적 사유의 대상으로 삼을 수 있는 철학의 힘, 즉 '물을 수 있는 힘'을 강조한다. 2장 "물질의 존재"에서는 "그 본성이야 어떻든 나의 인식으로부터 독립된 실재하는 책상이 있는가?"에 대한 철학적 탐구를 계속한다. 그리고 이 물음에 대해 감각자료가 우리들과 우리들의 지각으로부터 독립된 어떤 것의 존재의 표지라고 믿는 것이 합리적이라고 말하면서도, 실재의 존재에 대한 부정적 가정도 논리적으로는 불합리하지 않다고 인정한다. 다만 실재의 존재에 대한 긍정적 가정이 사태를 더 단순화시킨다고 보며, 나아가 우리가 논증이 아니라 '본능적 신념'에 의해 독립된 외부 세계의 존재를 믿고, 철학은 그러한 믿음 위에 인식의 각 부분을 내적으로 연관시키고 비판적으로 음미하면서 정연한 체계를 조직하는 역할을 한다고 말한다. 이렇게 인식론에 대한 철학적 탐구의 역할과 한계를 밝힘으로써 러셀은 자신이 생각하는 '겸손한 철학의 기능'을 강조한다. 3장 "물질의 본성"에서는 우리들과 우리들의 지각으로부터 독립된 존재의 본성은 무엇인가에 대한 탐구를 시작한다. 러셀은 "우리는 감각자료에 상응하는 관계를 유지하는데 필요한 실체적 사물의 관계들이 가진 특성을 알 수 있으나, 그 관계들을 유지하는 실체적 사물의 본성은 알 수 없다"면서, 물리적 대상 자체의 내재적 본성을 알 수 없다는 자신의 견해와 달리 실재하는 것은 무엇이든 정신적인 것이라는 주장을 펴는 철학자들을 '관념론자'라고 규정한다. '관념론자'들은 "우리들의 감각자료가 개인적 감각으로부터 독립해서 존재하는 어떤 것의 기호라는 점은 부정하지 않지만, 정신과는 본질적으로 다른 어떤 것으로서 물질이 존재한다는 것은 부정한다"면서 4장에서 이들의 주장을 검토한다. "책상과 같은 구체적 대상은 일반적으로 정신 및 정신의 작용과는 다르고 정신이 존재하지 않게 되더라도 계속해서 존재한다는 상식적 실재론이 철학적 사변에 익숙지 않은 사람들의 일반적인 생각이다. 그들은 물질이 정신보다 훨씬 이전부터 존재했다고 생각하므로 물질을 정신활동의 소산에 지나지 않는다고 생각하기는 어렵지만 관념론을 불합리한 것으로 배척할 수 없다."그리고 대표적인 관념론자로 버클리를 지목하고 그의 견해를 비판한다. 관념이 감지된 사물에 대한 우리의 의식과 사물을 감지하는 정신활동의 두 가지 의미로 사용됨에도 불구하고 버클리가 이 둘을 혼동함으로써 '감지된 것은 무엇이든 정신적인 것'이라고 '증명되지 않는 가정'을 주장한다는 것. 러셀에 의하면, "책상의 색깔의 존재는 우리의 감각기관과 물리적 대상의 관계에 달려 있다는 것이 증명되었을 뿐 색깔이 정신적인 것이라고는 증명되지 않았다". 그리고 "우리가 알지 못하는 어떤 것이 존재한다는 것을 알 수 없다"라는 관념론자들의 명제를 비판하기 위해 러셀은 판단이나 믿음과 관계된 '진리에 대한 앎'과 감각자료를 통해 직접 얻는 '사물에 대한 앎'을 구분한다. 관념론자들의 명제에서 앞의 '알지 못하는 어떤 것'이라고 할 때의 의미는 두 번째 앎의 의미이고 '~을 알 수 없다'고 할 때의 의미는 첫 번째 앎의 의미다. 그래서 관념론자들의 주장을 "우리가 직접 대면하지 않는 사물이 존재한다고 참되게 판단할 수 없다"로 고쳐 쓰고 자신이 직접 대면하지 않았지만 그 존재를 사실적으로 판단하는 중국 황제의 사례를 들어 이 명제는 자명한 진리가 아니라 오류라고 한다. 기술구(description)에 의한 간접적 인식에 의해서도 사물의 존재에 대한 올바른 판단을 내릴 수 있다고 보았기 때문이다. "우리는 어떤 사물을 직접 대면하지 않더라도 직접 대면하여 인식한 사물의 존재로부터 일반적 원리에 따라 추론하여 그 존재에 대해 올바르게 판단하는 것이 가능하다." 5장에서는 직접 대면(直接知)에 의한 인식과 기술(記述)에 의한 인식을 더 상세하게 설명한다. 존재하는 사물에 대한 직접 대면에 '감각으로는 외부 감각의 소여를, 내성(內省. introspection)으로는 사고, 감정, 욕망 등 이른바 내부 감각의 소여를, 기억으로는 과거 외부 감각의 소여였던 것' 등을 포함시키고, 나아가 '사물을 의식하거나 욕구하는 자기에 대한 직접 대면'의 가능성도 언급하는 것. 반면, 물리적 대상과 타인의 마음처럼 직접 알 수 없는 대상에 대한 인식은 우리가 직접 알고 있는 개별자와 보편자로 이뤄진 어떤 기술(記述)을 포함한 인식, 즉 '기술에 의한 인식'을 통해 얻게 되는데, 우리는 이것을 통해 개인적 경험의 한계를 넘어설 수 있다.

인식론의 기본적인 문제들에 대한 이 같은 러셀의 철학적 탐구에는 현대 철학의 주요 방법들과 철학적 탐구의 기본 자세에 대해 비교적 균형 잡힌 시각이 잘 드러나 있다. 그는 자신의 주장을 펼치고 다른 견해를 비판하기 위해 실증적인 방법, 본능적인 믿음과 직관에 대한 호소를 동시에 사용하고, 때로는 데카르트와 같은 논리적 엄밀성을 통해, 때로는 명제나 개념 등 언어에 대한 분석적인 방법을 통해 철학적 이견들의 타당성과 한계를 밝힌다. 그리고 이처럼 다양한 방법을 통해 독단과 회의를 넘어 비판적이고 합리적인 방식으로 인식론의 기본 문제들을 탐구하고, 이견에 대한 관용과 자신의 견해에 대한 겸손을 잃지 않음으로써 철학적 탐구의 기본 태도가 어떠해야 하는가를 잘 보여주고 있다.

　그러나 러셀의 철학적 탐구의 내용에는 우리의 인식을 '직접 대면과 기술지'라는 개념을 통해 분석하는 부분을 제외하면 독창적인 새로움이 잘 느껴지지 않는다. 현상과 실재에 대한 엄격한 구분은 칸트의 '물자체'가 생각난다. 칸트에 의하면, 인간이 인식할 수 있는 세계는 주어진 현상 세계뿐이며 주어진 세계 자체, 즉 물자체가 아니다. 칸트는 '물자체'는 어디까지나 사유될 수 있을 뿐이며 사유된 세계를 주어진 세계와 동일시할 때 허구가 생겨난다면서 인식에서 인간 이성의 한계를 분명히 할 것을 주장한다. 한마디로 주어진 현상의 세계와 부과된 이념의 세계, 사실과 가치, 과학과 종교를 이분법적으로 나눈 후 그 경계에 깊은 심연을 드리우는 것이다. 러셀이 말하는 감각자료와 실재하는 대상(물리적 대상)의 관계 역시 칸트의 이분법적 구도와 별반 다르지 않다. "우리는 대상의 감각자료에 대해서만 직접적으로 알 수 있을 뿐이고 실재의 존재와 그 본성에 대해서는 직접적으로 알 수 있는 방법이 없다. 그러므로 실재의 존재와 그 본성에 대해서는 모든 가능성을 열어놓고 검토해야 한다. 우리의 상식과 본능적 믿음에 어긋나지만 논리적으로 관념론적 주장도 가능하다. 다만 그 주장을 펼치는 논리가 타당하지 않고 실재론이 더욱 단순하며 설득력 있다." 인식의 문제를 다루는 이러한 입장은 결국 칸트의 인식론과 소박하고 상식적인 실재론의 결합에 기초하고 있는 것으로 보인다.

인간의 인식과 독립된 실재가 존재하면서 인간의 인식에 영향을 미친다는 것은 뇌 일부가 상처를 입게 되면 기억이나 감각 등 인식능력의 일부가 상실됨을 확인함으로써 몸이 자신의 인식과 독립된 실재임을 확인할 때 가장 잘 알수 있다. 이와 유사하게 사고로 눈이 먼 사람이나 장님이었다가 수술로 눈을 다시 뜨게 된 사람은 빛이 자신의 인식과 독립된 실재라는 것을 인정하지 않을 수 없을 것이다. 빛과 같은 물리적인 것 외에도 타인의 마음이나 감정, 의식 등도 나의 의식과 독립된 실재다. 즉 타자의 주관이 내겐 객관적 실재다. 물리적인 것과 정신적인 것 외에도 인간의 인식과 독립된 실재 가운데는 러셀이 뒤에 보편자적 실재의 사례로 든 '관계'처럼 물질과 정신 어느 것이라고 딱히 규정하기 어려운 것들도 있다. 사실 객관적 실재의 존재 자체를 부인하면 학문의 성립 자체와 모든 성과를 부정해야 한다.

따라서 러셀이나 칸트처럼 인식론에서 현상과 실재, 물질과 관념, 인식 대상과 주체, 인식된 내용과 인식 활동 등의 구분은 필요하다. 실제로 증명할 수 있거나 증명된 것과 믿음에 불과한 것의 구별도 필요하다. 양자의 차이를 없애고 동일시하거나 어느 하나를 다른 어느 하나로 환원하

는 것은 독단과 회의의 길로 가는 지름길이기 때문이다. 그
러나 그 차이를 절대화하거나 그 관계를 지나치게 대립적
으로 보는 것은 잘못이다. 현실에서 현상과 실재 사이의 경
계를 엄밀히 구분하기는 사실상 불가능하다. 현상과 실재라
는 개념보다 현실은 훨씬 더 복잡 미묘하기 때문이다. 다른
대립되는 개념들도 마찬가지다. 그러므로 우리의 감각자료
가 우리 자신의 직접적 경험에 대한 믿음이라면 감각자료
를 넘어선 모든 우리의 앎은 그러한 경험과 이성적 사유가
결합된 믿음이다. 우리의 모든 앎은 어차피 믿음이다. 다만
직접적 경험에 의해 증명할 수 있는 믿음과 논리와 이성에
의해 증명할 수 있는 믿음, 이것들을 초월해 직관과 통찰에
의한 믿음 등, 그 믿음을 정당화하는 방법이 다를 뿐이다.
따라서 감각자료에 대한 인식이 가능하다면 실재하는 대상
에 대한 인식도 가능하며, 이것을 부인하면 사실상 과학과
철학을 비롯한 모든 학문은 불가능하다. 과학은 분명 현상
세계에 대한 탐구로부터 시작하지만 그 목적은 실재하는
대상에 대한 인식이다.

　　물론, 감각자료뿐만 아니라 실재하는 대상에 대한 인
식이 가능하다고 해서 절대적인 올바름이나 절대적 객관성
을 가진 인식을 목표로 한다면, 감각자료에 관한 것이든 실
재하는 대상에 관한 것이든 애초에 목표 자체가 잘못된 것
이다. 반대로 어떠한 앎도 다른 앎에 비해 더 바람직하거나

객관적일 수 없다는 극단적인 상대주의적 또는 주관주의적 주장도 잘못이다. 현상적으로 똑같이 빛나는 별 가운데 실제 존재하는 별과 이미 사라지고 빛만 남아 있는 별을 구분한다고 할 때 동일한 현상에도 불구하고 두 별의 실재상의 차이를 알 수 있다. 달이 다양한 모습으로 빛나더라도 실제로는 둥근 실체를 가진 대상임을 인식할 수 있는 것이다. 동일한 현상처럼 보이는 것에서 서로 다른 실재를 인식할 수 있고, 서로 다른 현상에서 동일한 실재를 인식할 수 있다. 동일한 현상에서는 무조건 동일한 실재만을 인식하는 것과 서로 다른 현상에서 동일한 실재를 인식하지 못하는 인식 사이에는 매우 큰 차이가 있다. 다양한 조건에서 서로 다른 현상을 보이더라도 그 속에서 동일한 객관적 실재를 보지 못하면 과학적 인식은 없다.

존재와 사유의 구분도 중요하지만 존재를 사유에 환원시키거나 사유를 존재에 환원시키는 것은 잘못이다. 러셀이나 칸트는 이 점에서 옳았지만, 존재와 사유를 인간의 실천과 인식 속에서 통일적·전체적으로 사고하지 못한 것 같다. 존재와 사유는 상호작용하고 교감하면서 우리의 인식을 형성한다. 세상과 사물에 대한 인식이 전혀 없는 신생아에게 주어지는 주변 세계에 대한 감각자료는 알 수 없는 온갖 색깔의 무의미한 형체들의 거대한 집합일 것이다. 이 신생아는 온갖 방법으로 주변 세계의 사물들과 상호작용하고 교감하면서 자신의 인식을 형성해간다. 만져보고 깨물어보고 빨아보고 흔들어보고… 이 아기에게 실재하는 세상에 대한 객관적 인식은 끝없는 모험이요 삶과 죽음의 문제다. 실재하는 공간을 인식 못해 높은 곳에서 떨어지는 경우를 생각해 보라. 어른들이 그 아기의 공간 인식이 객관적일 수 있도록 돕는 것은 당연하다. 칸트는 시공간을 경험적으로 실재하는 것을 정립해 주는 감성의 주관적 형식으로 보았다. 시공간이 실재적이기보다는 관념적이어서 이와 같은 감성 형식들이 물자체에 적용될 수는 없다고 하여 '물자체'나 시공간에 대한 초월적 관념론의 입장을 보이는 것. 칸트와 반드시 같지는 않지만 러셀도 물리적 대상(실재하는 대상)에 대한 경험적 인식이 불가능함을 주장하고 우리의 경험을 현상에 대한 감각자료의 영역으로 제한하는 형이상학적 이론을 공유한다. 우리의 삶에 아무런 실재적 영향을 미치지 못하는 '물자체'나 '실재'의 개념은 이론적 또는 형이상학적 의미 이외에 어떤 실천적 의미를 띠기가 어렵다. 오히려 그것은 경험 가능한 것과 불가능한 것 사이의 경계를 지나치게 구분하기 때문에 경험 가능한 것에 대해 과도한 믿음을 조장한다.

　우리는 이미 현대의 뇌과학이나 신경생리학, 인지심리학, 각종 물리학과 생물학 등의 성과를 통해 존재하는 것의 불확정성과 인식의 불완전성이 세계와 인간의 존재 조건임을 알고 있다. 불교에서 '공즉시색(空卽是色)이요 색즉시공(色卽是空)'이라 한 것처럼 '있음과 없음'도 절대적이지 않고, 나와 나의 의식을 포함한 어떠한 실재하는 대상도 고정불변의 실체로서 존재하지 않는다. 이런 무한 변화의 세계를 인식하는 인간의 인식이 불완전한 것은 당연하다. 그러나 인간은 아득한 옛날부터 생존이든 놀이를 위해서든 실천에 의해 필요한 인식을 발전시켜 왔다. 인간의 인식은 인류의 집단적·사회적 실천의 역사성과 개인적 실천의 역사성을 동시에 반영한다. 그 과정에서 객관적 요소와 주관적 요소가 서로 작용하며 이들 요소가 인식 내용에 반영된다. 객관적 인식의 불가능성을 주장하는 극단적 상대주의나 주관주의적 입장의 주장과 달리 객관적 인식이 가능하지만 주관을 완전히 배제한 객관이 아니다. 인식의 주관성은 객관적 인식을 방해하기도 하고 돕기도 한다. 인간은 결국 실재하는 세계와의 끊임없는 교감과 상호 작용, 즉 실천을 통해 현상과 실재의 차이를 인식하고 현상 세계를 넘어 실재에 대한 인식의 지평을 부단히 넓혀가면서 현상과 실재와의 연관에 대한 이해의 폭도 넓혀간다.

2. 존재에 대한 인식의 확장과 일반적 원리에 대한 인식

6장에서 11장까지는 존재에 대한 인식의 확장에 필수적인 일반적 원리를 우리가 어떻게 인식할 수 있는지를 탐구한다. 6장 "귀납"에서는 귀납적 추론의 타당성을 검토하고, 귀납적 추론이 자연의 제일성(齊一性. the uniformity of nature)에 대한 신념에 기초하고 있지만 그 신념은 경험에 의해 논증적으로 증명할 수 없다고 본다. 어떤 사건이 과거에 규칙적으로 발생했다고 미래에도 반드시 예외 없이 되풀이될 것이라고 주장할 근거가 불충분하기 때문이다. 이로써 러셀은 우리가 추구해야 할 것은 개연성뿐이라면서 귀납 원리의 한계를 분명히 하면서도 귀납 원리 없이는 경험을 기초로 경험하지 않은 것에 대해 가르쳐주는 어떤 인식도 얻을 수 없기 때문에 귀납 원리를 받아들이지 않을 수 없다고 본다. 7장 "일반 원리에 대한 인식"에서는 귀납 원리처럼 '경험에 의해 확인될 수도 없고 논파될 수도 없는 신념'에 바탕을 두고 있으면서 존재에 대한 인식을 확장시켜주는 일반 원리들을 탐구한다. 먼저 일반 원리에 대한 인식들 가운데서 귀납 원리보다 훨씬 큰 명증성을 가지면서도 감각자료의 존재에 대한 인식과 마찬가지의 확실성을 갖는 여러 가지 일반적인 논리적 원리들을 사례로 든다. 즉 "참된 명제로부터 귀결되는 것은 참이다"라는 논리적 추론의 원리와 '동일률(同一律)', '모순율(矛盾律)', '배중률(排中律)' 등 전통적인 '사고의 법칙'은 감관의 대상으로부터 이끌어낼 수 없는 확실한 인식이라는 것이다. 러셀은 이처럼 모든 증명의 전제가 되는 논리적 원리들이 존재하고 그 자체는 경험에 의해 증명될 수 없다는 점을 들어 경험론자들과 합리론자들의 논쟁에서 경험에 의해 아는 것 외에 경험으로부터 독립하여 인식되는 본유관념이나 본유원리가 있다고 주장하는 합리론자들의 손을 들어주면서도 타고난다는 의미의 '본유'보다 '선험적'이란 말이 더 적절하다고 본다. "모든 인식은 경험에 의해 도출된다는 것을 인정하는 한편, 어떤 인식은 경험이 충분히 증명하지 못할 뿐만 아니라 경험에 의한 증명을 필요로 하지도 않고 그것이 진리임을 이해하도록 우리들의 주의를 끈다"는 의미에서 '선험적'이라는 말이 더 어울리기 때문이다. 나아가 합리론자들이 "존재(해야 할 것)에 대한 일반적 고찰로부터 현실 세계의 이것 또는 저것의 존재를 연역해낼 수 있다"고 믿었던 것은 잘못이라고 보았다. "어떤 것이 존재한다고 하는 모든 인식은 부분적으로는 경험에 의존해야 하므로 존재를 주장하는 모든 인식은 경험적이다. 존재에 대해 단지 선험적일 뿐인 인식은 가설적이며 그것은 존재하거나 존재할지도 모를 것 사이의 관계를 나타내기는 하지만 현실적 존재를 나타내지는 않는다." 논리학의 일반 원리와 같은 논리적인 선험적 인식에 이어 러셀은 비논리적인 선험적 인식의 하나로 윤리학을 꼽고, 순수 수학의 명제들 역시 경험적 일반화에 의해 얻는 명제들과는 다른 선험적 인식으로 본다. 8장 "어떻게 선험적 인식이 가능한가"에서는 이러한 선험적 인식, 즉 논리학, 순수 수학, 윤리학의 기본 명제들 같은 인식이 어떻게 가능한지를 다룬다. 이를 위해 먼저 칸트의 견해를 검토하고, 우리의 경험에는 대상으로부터 말미암은 요소와 우리 자신의 본성으로부터 말미암은 요소가 동시에 작용한다는 견해에 동의한다. 러셀은 앞서 물질과 감각자료를 검토하면서 '물리적 대상은 감각자료의 결합과는 다르며 감각자료는 물질과 우리들 자신의 상호작용에서 생기는 것으로 보아야 한다는 것'을 말한 바 있기 때문이다. 그러나 러셀은 칸트가 선험적 인식이 우리의 본성에 존재한다고 함으로써 선험적 명제의 확실성을 설명하는 데 실패했고, 선험적 인식이 존재함에도 물자체나 경험의 현실적 또는 가능한 대상이 아닌 것에 대해서는 전혀 알 수 없다고 함으로써 그 범위를 부당하게 제한했다고 비판한다. 칸트에 의하면, 감각의 생경한 재료는 대상으로부터 말미암은 것이고, 시공간, 인과 관계, 비교 등은 우리의 본성에서 나오는 선험적인 인식이다. 그는 우리가 경험으로 알 수 있는 대상을 현상이라 부르며 선험적 인식이 적용되는 범위도 여기까지로 제한한다. 반면, 러셀은 "우리의 본성이 다른 것처럼 현존하는 세계의 한 사실이므로 변하지 않으리란 확실성은 있을 수 없다"면서 산수적 명제의 보편자성과 확실성을 깨뜨리는 가능성을 칸트가 생각하지 못했다고 비판한다. 이 가능성은 "시간은 주관에 의해 주어지는 형식이므로 우리의 실재하는 자아는 시간 속에 있는 것이 아니고 내일도 없다"는 칸트의 견해와 어긋나기 때문이다. 러셀은 현상의 시간적 순서는 물론, 형식논리학의 세 가지 사고의 법칙들도 '사고'가 아니라 세계의 사물에 대한 사실을 말하고 있다고 본다. 선험적 인식은 우리 정신의 구성에 의한 인식이 아니라 정신적인 것이든 비정신적인 것이든 세계에 포함될 수 있는 모든 것에 적용되고, 정신적 세계에도 물리적 세계에도 존재하지 않는 실재물(實在物)과 관계된다는 것. 러셀은 "많은 철학자들이 칸트를 따라 관계는 정신의 작용이고 물자체는 관계를 갖지 않지만 정신은 사고의 한 작용으로 물자체를 결합함으로써 관계를 산출해 왔다"고 하면서 "나는 내 방 안에 있다"는 것을 진리로 만드는 것이 사고가 아님을 들어 이를 논박한다. 러셀에 의하면, 관계는 정신적인 것도 물리적인 것도 아닌 세계에 놓여 있는 것이다. 9장 "보편자의 세계"에서는 물리적 대상의 존재와는 다른 존재 방식을 갖거나 정신의 존재나 감각자료의 존재와도 다른 존재방식을 지닌 '관계'와 같은 실재물을 고찰한다. 러셀은 먼저 플라톤의 이데아론에서 실재물의 본질인 이데아 대신 보편자를 집어넣어 유동적이고 가변적인 개별과는 달리 부동하는 존재로 보편자의 특성을 설명한다. 그리고 형용사나 명사에 의해 지시되는 보편자보다 동사나 전치사에 의해 지시되는 보편자가 소홀하게 취급되면서 둘 또는 그 이상의 사물 사이의 관계를 나타내기보다 단일한 사물에 고유성을 귀속시키는 스피노자와 같은 일원론과 사물 사이의 상호작용을 부정하는 라이프니츠의 단자론과 같은 신념이 생겨났다고 본다. 어떤 것이 희거나 삼각형이라는 것을 어떻게 아는가, 라는 문제가 생길 때 개별 사이의 유사성을 보편자로 인정하지 않는 부질없는 짓은 오직 '성질'만을 생각하고 보편자로서의 '관계'를 모르기 때문이란 것이다. 러셀은 보편자가 실재물로 존재하지 않을 수 없다는 것을 설명한 후에 보편자의 존재가 단지 정신적인 것이 아님을 증명한다. '~의 북쪽에'라는 관계는 '공간 속에 있는 것도 아니고 시간 속에 있는 것도 아니며 물리적인 것도 정신적인 것도 아니지만 여하간 어떤 것'이다. "우리는 단지 사물들이 시간 속에 있을 때, 즉 그것들이 존재하는 어떤 특정한 시간을 지적할 수 있을 때(이 존재가 모든 시간대에 존재할 수 있다는 가능성을 배제하지 않은 채), 이 사물들에 대해 존재하고 있다고 말하는 것만이 편리하다는 것을 알게 될 것이다. 그래서 사고와 감정, 정신과 물리적 대상은 존재한다. 그러나 보편자들은 이런 의미에서 존재하지 않는다. 우리는 보편자들은 존립한다(subsist) 또는 존재를 지닌다(have being)고 말하기도 하며, 이 경우 존재는 무시간적(無時間的)으로 있는 것으로 실존과 대립된다. 그러므로 보편자의 세계는 또한 존재의 세계라고도 말할 수 있다." 러셀은 이데아와 현상 세계를 구분한 플라톤처럼 존재의 세계와 실존의 세계를 구분했으나 이데아 세계의 우위를 주장한 플라톤과 달리 두 세계가 모두 실재적이며 동등하게 중요하다고 보았다.

10장 "보편자들에 관한 우리의 인식에 대하여"에서는 보편자에 관한 인식을 검토한다. 그는 보편자에 대한 우리의 인식도 개별자에 대한 인식처럼 직접적인 대면에 의한 것, 기술(記述)에 의한 것, 그리고 이러한 직접 대면이나 기술구에 의해 인식되지 않는 것들로 나눈다. '감각적인 성질들, 시간과 공간의 관계, 유사성, 어떤 추상적 · 논리적 보편자들 등'이 직접 대면에 의한 인식이라면, '직접 대면에 의한 인식과 진리에 관한 인식이 결합되어 파생된 인식들'이 기술에 의한 인식이다. 여기서 진리에 관한 즉각적인 인식, 즉 자명한 진리들은 소위 직관적인 인식이며, '감관에 주어지는 것만을 단지 진술하는 것, 논리학과 수학의 어떤 추상적인 원리들, 그리고 (조금 덜 확실하더라도) 어떤 윤리적 명제들' 등이 있다. 우리는 이들 자명한 진리들로부터 자명한 연역의 원리들을 사용하여 파생적인 인식을 얻는다. 한편, 러셀은 물리적 대상과 다른 사람의 정신, 또는 직접 대면에 의해 어떤 사례도 알려지지 않는 부류의 사물에 대한 인식은 어떤 현실적인 사례도 제시할 수 없는, 일반적 인식의 가능성에 전적으로 의존하고 있는 인식들로 본다. 11장 "직관적인 인식에 대하여"에서는 연역 추론의 전제가 되는 논리학의 일반적 원리, 감관으로부터 직접 이끌어내는 진리인 지각적(知覺的) 진리, 기억에 대한 판단 등을 논증할 수 없는 자명한 진리들의 자명성에 관해 탐구한다. "지각적 진리와 논리학의 일부 원리들이 최고도의 자명성을 가진다. 가까운 기억의 진리도 거의 같은 정도의 자명성을 가진다. 귀납의 원리는 "참인 전제로부터 도출되어 나오는 것은 참이어야만 한다"는 논리학의 다른 원리보다는 덜 자명하다. 기억들은 멀어지고 희미해짐에 따라, 논리학과 수학의 진리들은 점점 복잡해짐에 따라 자명성이 덜해진다. 윤리적이거나 미학적인 가치 그 자체에 대한 판단은 어느 정도 자명성을 가지기 쉬우나 자명성을 갖는 것이 많지는 않다'.

존재에 대한 인식을 확장하는 데 필수적인 '일반적 원리'와 '보편자에 대한 인식'에 대해 러셀은 선험적 인식에 대한 칸트의 견해와 이데아에 대한 플라톤의 주장이 지닌 기본 구도를 그대로 따르면서도 비판적으로 흡수하고 있는 것 같다. 감각자료와 물리적 대상을 나눈다거나 감각적 경험과는 무관한 선험적인 인식의 존재를 인정하는 것은 칸트의 구도와 같지만, 칸트가 선험적인 인식을 인식 주관의 내면에서 오는 본유적 개념들에 한정하는 것을 비판하면서 선험적 인식이 비록 경험에 의해 논증되거나 논파될 수 없어도 외부의 실재로부터 오는 것이라고 봄으로써 칸트보다 더욱 실재론적이고 경험론적인 입장에 서는 것. 이 같은 경향은 개별적이고 구체적인 현상 세계와 보편적인 이데아의 세계를 구분하면서도 후자를 더욱 실재적인 것으로 보는 플라톤과는 달리 두 세계에 대해 그 존재의 성격은 다소 다르더라도 동등한 중요성을 가진다는 입장으로 나타난다. 개별자와 보편자가 가진 존재성의 차이와 양자의 중요성에 대한 균형 잡힌 인식은 러셀 철학이 지닌 독특한 성격을 보여주지만, 앞에서 지적한 비와 같이 현상과 실재에 대한 관점처럼 양자를 지나치게 이분법적으로 구분하고 그 관계를 다소 정태적으로 보고 있는 것 같다. 보편자와 개별자 사이의 역동적이고 모순적인 관계에 대한 인식이 우리가 사는 세계에 대한 더욱 날카로운 통찰을 제공해 준다. 개별자 없는 보편자 또는 보편자 없는 개별자는 있을 수 없다. 보편자와 개별자의 개념은 상호 관련을 떠나서는 존재할 수 없다. "보편자는 개별 속에서만 존재할 수 있고 개별을 통해서만 존재할 수 있다. 또한 모든 개별은 어떤 식으로든 보편적인 것이다. 보편자는 개별의 한 부분 혹은 한 측면 혹은 본질이 되고 있다. 보편자는 모든 개별을 단지 개괄적으로만 포괄할 뿐이고, 모든 개별은 단지 불완전하게만 보편자로 될 뿐이다."(레닌 〈철학유고〉) 구체적인 문제에서, 개별성과 보편성은 상호 긴장관계에서 전자를 강조하다 후자를 소홀히 하거나 후자를 강조하다 전자를 소홀히 할 수도 있다. 따라서 양자를 조화시켜 상호 보완되게 하는 것이 필요한데, 이는 단순히 기계적인 절충이나 산술적인 평균이 아니라 문제의 성격과 때와 장소에 맞게 각각의 강조점을 조화시키는 중용의 지혜를 발휘해야 한다.

한편, 러셀의 인식론적 입장은 '논리적 경험주의' 또는 '논리적 실재론'으로 부를 수 있다. '논리적 경험주의'의 인식 방법은 먼저 인식의 대상을 원초적 확실성을 갖는 감각 자료 같은 직접 대면으로 환원하고, 그러한 경험적 근거에 기초한 인식의 파편들을 토대로 논리적 추론과 같은 구성의 방법을 통해 직접 경험되지 않는 외부 세계에 대한 인식에 도달하려는 것이다. 결국 물리적 또는 정신적 대상의 기술지도 우리의 직접 경험에 의존하고 있으며 추상적 요소인 논리적 인식도 대상이 실재하며 직접 경험할 수 있다고 보면서도 그러한 경험이 그 인식의 결정적인 논거가 될 수는 없다는 점을 인정한다. 우리의 경험에 의한 인식의 밑바닥에는 직관적 본능에 대한 믿음이 함께하고 있다는 것이다. 그런데 러셀이 경험적인 것과 선험적인 것을 폭넓게 검토하면서도 둘 사이의 관계가 인식과 실천의 과정에서 어떻게 상호 작용하는지에 대해 더 진전된 논의나 분명한 언급을 하지 않은 것은 유감이다. 그는 분명하게 인식하거나 말하지 않았는지 모르지만 "경험적 인식은 선험적 인식에 의존하고, 선험적 인식은 경험적 인식에 의존하고 있다"고 말한 것이나 같다. 사실 '경험적' 또는 '선험적'이란 개념도 인식과 실천의 과정에서 상호 연관되어 있으면서 역동적으로 상호 작용하는 요소들을 이해하기 위해 우리가 만든 보편적 인식을 나타내는 언어에 불과하다. 실제 인간의 역동적이고 복잡한 인식과정에 이 개념을 정태적 또는 절대적 이분법으로 이해하고 적용하면 오히려 인식과정의 현실에 대한 통찰을 방해하게 될 것이다.

끝으로 일반 원리와 보편적 인식에 대한 러셀의 탐구에서 놓쳐서는 안 될 것이 있다. 경험에 의해 확정할 수 있는 확실성과 논리에 의해 확정할 수 있는 확실성이 아무리 자명하더라도 절대적인 확실성은 될 수 없다는 점을 이해하는 것이다. 여기서 우리는 철학적 인식론의 목표가 절대 확실한 인식을 향한 것이 아니라 오히려 그렇다고 믿는 인식들에 대한 비판이 되어야 한다는 점을 알 수 있다.

3. 진리와 거짓, 그리고 개연성

12장과 13장에서는 참된 믿음과 잘못된 믿음이란 무엇이며, 어떻게 판별할 수 있는가의 문제를 다룬다. 12장 "진리와 거짓"에서는 "진리와 거짓은 무엇을 의미하는가?"

라는 물음을 던진다. 여기서는 우리의 믿음에 대응하는 것
이 존재하는가를 진리의 기준으로 보는 '진리 대응설'과 우
리의 믿음이 논리적으로 정합적인 체계를 가지고 있는가를
진리의 기준으로 보는 '진리 정합설'을 검토한다. 그는 진
리 정합설이 진리가 아닌 것을 판단하는 데 도움이 되지만
진리가 아닌 것도 논리적 정합체계를 가질 수 있기 때문에
그것을 진리의 기준으로 삼는 것은 부적절하다고 본다. 그
결과, 러셀은 우리가 추구해야 할 '진리론'을 다음과 같이
정리한다. (1) 진리는 그 반대가 되는 거짓을 가질 수 있고,
(2) 진리는 믿음의 속성을 지니며, (3) 진리는 믿음과 그에
대응되는 것들과의 관계에만 전적으로 의존하는 속성을 갖
는다. 진리 정합설보다 진리 대응설을 진리 판단의 더 나은
기준으로 본 것. 진리는 사물을 직접 대면함으로써 알게 되
는 인식과 달리 그 반대의 주장이 제기되는 그런 믿음이어
야 한다. 믿음이 있어야 거짓과 진리가 가능한데, 단순한 물
질의 세계는 어떠한 믿음이나 언명도 포함하고 있지 않으
므로 '사실들'은 포함할지라도 진리는 포함하고 있지 않다.
나아가 판단하거나 믿는다는 것은 주관과 대상들을 하나의
복합체로 짜 맞추는 것이며, 믿고 있는 마음에 상응하면서
그 마음을 제외한 믿음의 대상들만을 포함하는 복합체가
존재할 때 참이라고 할 수 있다. "믿음이 존재하려면 마음
에 의존하지만 그 믿음이 진리가 되는 것은 마음에 의존하

지 않는다. 믿음을 진리로 만드는 것은 사실이다." 13장 "인식, 오류, 개연적 의견"에서는 참된 믿음과 거짓을 어떻게 알 수 있는지 탐구한다. 먼저 인식은 인식을 정당화된 참된 믿음으로 본다. 참된 믿음일지라도 거짓된 믿음으로부터 연역되거나 잘못된 추론과정에 의해 연역된다면 인식이라고 할 수 없기 때문이다. 그렇다고 참된 전제들로부터 타당하게 연역되는 것만 인식이 된다고 말하기도 어렵다. 전제가 참이어야 할 뿐 아니라 인식되어야만 하기 때문이다. 그래서 인식이란 인식된 전제들로부터 타당하게 연역된 것으로 수정할 수 있지만, 그것 역시 직관적 인식과는 상대적인 파생적 인식만을 정의한다고 본다. 그래서 러셀은 파생적 인식은 직관적으로 인식되는 전제들로부터 타당하게 연역된 인식이라는 정의를 제시하면서도 파생적 인식의 이러한 정의에 대해 반대하는 의견이 있을 수 있다고 생각한다. 직관적 인식으로부터 타당하게 추론될 수 있는 참된 믿음이지만 심리적 추론처럼 논리적 과정이 아닌 방식에 의해 추론된 것이 있을 수 있기 때문이다. 결국 러셀은 "논리적인 연결이 있고 해당되는 사람이 이러한 연결을 반성에 의해 의식할 수 있다면, 단순한 연상에 의할지라도 직관적 인식의 결과로 생기는 것은 무엇이나 파생적 인식으로 인정해야만 한다"고 말한다. 이어서 이렇게 파생적 인식을 얻는 수단으로 심리적 추론을 인정하는 것이 파생적 인식에 대한 정의를 우리가 요구할 수 있는 것보다 덜 엄밀하게 만든다고 말하면서 인식의 성격을 정리한다. "사실, 인식은 엄밀한 개념이 아니고 개연적 의견과 융합되어 있다. 그러므로 매우 엄밀한 정의는 사람들을 다소간 오도할 것이기 때문에 추구하지 말아야 한다." 러셀에 의하면, 직관적 인식도 참된 것과 거짓된 것을 구분할 수 있는 기준을 찾기 어렵고 엄밀한 결과에 도달하는 것도 거의 불가능하다. 그래서 그는 "진리에 관한 우리의 모든 인식에는 어느 정도의 의심(회의)이 들어 있으며, 이러한 점을 무시하는 이론은 분명히 틀렸다고 할 수 있다"면서 자명성의 문제로 넘어간다. 먼저 그는 진리와 대응하고 있는 사실과 직접 대면할 때 그것이 한 사람에게만 자명할 수 있는 개별자들에 대한 사실이든 많은 사람들이 직접 대면하여 사밀함을 갖지 않는 보편자들에 대한 사실이든 가장 자명성이 높다고 본다. 그러나 사실이 제일의 절대적인 종류의 자명성을 갖는다고 할지라도, 사실에 대응한다고 믿는 것에 대한 판단이 절대적으로 확실한 것은 아니라고 한다. 판단에 속하는 자명성은 아주 높은 단계에서부터 간단한 믿음의 경향에 이르기까지 여러 단계를 가진다는 것. 그는 인식과 자명성에 대한 이상의 논의에 기초하여 인식과 오류 개연적 견해를 다음과 같이 분류한다. "직관적 인식이 자명성의 정도에 비례하여 신뢰성이 있다고 가정한다면, 그 신뢰성에는 분명한 감각자료의 존재와 논리학과 수학의 간단한 진리처럼 아주 확실한 것으로부터 반대되는 판단들보다 단지 좀더 개연성이 있는 것처럼 보이는 판단에까지 이르는 여러 단계가 있는 것이다. 우리가 확고하게 믿는 것이 직관적인 것이거나 직관적 인식으로부터 추론된 것이거나 둘 중 어느 하나이고 사실이라면 인식이라고 한다. 우리가 확고하게 믿는 것이 사실이 아니라면 오류라 한다. 우리가 굳게 믿고 있는 것이 인식도 오류도 아니면서 또한 가장 높은 정도의 자명성을 가지지 않거나 그런 것으로부터 추론된 것이어서 우리가 주저하면서 믿는 것이라면 개연적 견해라고 부를 수 있을 것이다."그리고 마지막으로 개연적 견해가 정합성을 높임으로써 더 확실해질 수 있지만 개연적 견해를 단지 조직화한다고 해서 그 자체가 의심할 수 없는 인식으로 바뀌지는 않는다고 지적하면서 논의를 끝맺는다.

러셀이 직접 대면에 의한 인식이 가져다주는 자명성을 가장 신뢰하는 경험론자와 실재론자인 한, 대응설에 기초한 진리관을 갖는 것은 당연하다. 그는 어떤 언명을 진리로 만드는 것이 미래에 대한 의지를 드러내는 예외적인 경우를 제외하고 우리의 마음이라는 주관보다 객관인 대상에 달려 있다는 점을 강조한다. 일반적으로 진리의 객관적 성격을 강조하는 진리 대응설은 인간의 지각능력이 가진 한계로 인해 대상과 관념이 일치함을 확실히 보증할 수 있는 방법이 없다고 비판받는다. 이러한 비판은 러셀에게도 해당될 수 있다. 러셀은 우리가 직접 대면하여 아는 것이 결국은 실재에 대한 본능적인 믿음에 기초하고 있음을 인정하면서도 확실히 직접 대면에 의해 우리가 갖게 되는 사실들에 대한 감각자료를 지나치게 신뢰하기 때문에 일반적인 진리 대응설과는 달리 자명성의 문제를 끌어들여 진리의 절대성이나 독단성을 경계한다.

러셀의 진리론에서는 진리가 어떤 대상에 대한 우리의 믿음과 판단이라는 점, 어떤 진리도 의심의 여지없이 받아들여질 수 있는 절대적인 정확성과 엄밀성을 갖고 있지 않다는 사실을 잊지 않아야 진리에 의해 오도되는 경우를 피할 수 있을 것이란 점을 가장 주목해야 한다. 우리가 사는 현실 세계는 진리와 오류, 개연적 견해를 분명하게 구분하기 힘든 미묘한 상황이 너무 많기 때문이다. 진리는 주로 언어에 의해 진술되는데, 우리가 사용하는 언어는 풍부한 현실을 모두 담아내기에는 너무나 작은 그릇이다. 존재는 복합적이고 총체적인 반면, 언어는 쪼개고 구분하기를 좋아한다. 존재하는 것은 변화와 움직임 속에 있는데 언어는 매 순간의 변화와 작은 차이를 고정시킨다. 언어로 표현된 진리를 교조적으로 이해하지 않고 그 진정한 원리를 깨달을 수 있을까? 언어를 통해 현실에 다가갔을 때, 마지막에 우리가 그 언어를 버릴 수 있을까? 진리를 타고 대상 세계로 나아간 후 그 진리를 죽일 수 있을까? 이런 물음들이 진리를 추구하는 사람들이 더 묻고 경계해야 하는 것이다. 그래서 노자는 도덕경의 제일 앞부분인 1장과 2장에서 언어에 의한 분별지의 한계를 경계하고 이를 넘어설 수 있는 하나의 방법을 제시했던 것이 아니었을까 싶다.

4. 철학적 인식의 한계와 철학적 사유의 가치

14장과 15장에서는 철학적 인식의 한계와 철학적 사유의 가치를 다루면서 자신의 철학적 탐구를 마무리한다. 14장 "철학적 인식의 한계"에서는 선험적 인식에 의한 형이상학적 사유를 통해 세계 전체에 관한 인식을 획득할 수 있다는 가설을 논박함으로써 철학적 이해와 깨달음이 지닌 한계를 제시한다. 철학적 탐구를 통해 세계에 대한 완전하고 전체적인 인식을 얻을 수 있다고 보는 대표적인 형이상학자로 헤겔을 꼽고 그의 철학적 사유와 체계를 검토하는 것. 헤겔의 가장 중요한 주장은 "한마디로 전체성이 없는 것은 분명히 단편적인 것이고, 나머지 세계가 보충해 주지 않는 한 분명히 존재할 수 없다"는 것이다. 헤겔에 따르면, 실재의 부분적 단편들을 연결하여 재구성한 전체에 대한 이념은 그 불완전성 때문에 모순에 빠지고 부단한 변증법적 운동을 하게 된다. 이러한 과정을 통해 우리의 사유는 불완전성과 그 반대 논제, 그 밖에 더 발전되어야 할 어떤 필요성도 갖지 않는 '절대 이념'(the absolute idea)에 도달하고, 이 '절대 이념'은 '절대 실재(the absolute reality)'를 충분히 기술할 수 있게 된다. 절대 실재는 시간이나 공간 속에 있지 않고, 어떤 악에도 속하지 않으며, 전적으로 이성적이고 전적으로 정신적인 하나의 단일한 조화로운 체계를 형성한다. 만약 우리가 신처럼 우주 전체를 본다면 공간과 시간, 물질, 악, 모든 싸움과 투쟁이 사라지고 대신 영원하고 완전한 불변적인 정신적 통일체를 보게 되리란 것이다. 러셀은 헤겔의 이 같은 주장이 가진 숭고한 측면을 인정하면서도 이 주장을 뒷받침하는 논거들이 많은 혼란스러운 점과 증명할 수 없는 전제들을 지니고 있다고 지적한다. 러셀은 헤겔이 말하는 이른바 '외부와의 모든 관련성을 포함한 사물의 본성'에 대해 우리가 알지 못하더라도 사물에 대한 직접 대면이 가능함을 들어 어떤 사물이 관계를 가졌다는 사실은 그 관계가 논리적으로 필연적임을 증명하는 것은 아니라고 주장한다. 즉, 어떤 것이 사물이라는 단순한 사실로부터 이 사물이 사실상 갖고 있는 다양한 관계들을 가져야만 한다고 연역할 수는 없다는 것이다. 따라서 헤겔이 말한 단일한 조화로운 체계를 증명할 수 없으면 공간과 시간과 악의 비실재성 등도 증명할 수 없다. 왜냐하면, 이것은 이 사물들이 가진 단편적이고 관계적인 성격으로부터 연역되었기 때문이다. 결국 여러 가지 체계에 의해 우주 전체를 알 수 있으리란 희망을 품는 것보다 세계의 단편적 부분을 분석·탐구하는 자세가 '귀납적이고 과학적인 우리 시대의 사조'에도 들어맞을 뿐 아니라 이제까지 앞에서 짚어본 인간의 인식에 대한 모든 검토와도 부합한다는 것이다. 이어 시간과 공간의 무한성과 실재성을 인정하지 않으려는 형이상학자들의 주장이 칸트와 같은 수학자들이 무한집합의 존재를 증명함에 따라 설득력을 잃게 되었다면서, 현실적 공간이 선험적인 논리적 근거로부터 나온 것이 아니라고 말한다. 거꾸로 논리학이 현실의 무한한 공간 가운데 서로 다른 형식을 지닌 공간의 가능성을 제공해 주는 역할을 한다고 본 것. 이에 선험적 원리들에 의해 우주를 규정하려는 시도가 깨지고 인간은 아직도 많은 것이 인식되지 않은 채로 남아 있어 자유로운 가능성을 가진 열려진 세계에 살고 있다는 것이 러셀의 주장이다. 그런데 여기서는 논리학이 우리의 선택을 위해 제공한 여러 세계 가운데 결정이 가능한 곳에서 결정할 임무를 맡은 것은 경험이라고 말함으로써 '경험론자'로서 입장을 분명히 드러내면서도 경험을 통해 물리적 대상들에 관한 인식을 획득할 수 있는 것은 선험적 원리들 때문임을 잊지 않는다. 이런 방법론적 측면에서는 철학적 인식과 과학적 인식이 본질적으로 다르지 않다면서 철학의 본질적인 대표적 특성을 비판정신으로 본다. 철학은 일상생활과 과학에서 사람들이 당연하게 여겨 채택하는 원리들을 비판적으로 검토하여 그 원리들을 받아들이지 않을 이유나 비정합성이 없다는 것이 명백해질 때만 받아들인다는 것이다. 절대적 회의주의만 아니라면 회의적인 태도는 언제나 긍정적이고 생산적인 영향을 미치며, 절대적 회의주의는 파괴적이고 비합리적인 회의로 데카르트의 방법적 회의와 다르다는 것이 러셀의 생각이다. 결론인즉슨 인간은 언제라도 실수할 가능성을 안고 사는 존재이기 때문에 방법적 회의를 통해 철학이 오류의 위험성을 줄일 수는 있지만 완전히 없앨 수는 없다는 것이다. 15장 "철학적 사유의 가치"에서는 철학의 한계에도 불구하고 철학적 탐구가 왜 필요한지를 설명하며 전체 논의를 마무리한다. 먼저 철학적 사유의 가치는 물리적·육체적 필요성을 강조하는 '실용적인' 곳이 아니라 정신의 재산들 가운데서 찾을 수 있다고 한다. 철학적 인식은 과학의 체계에다 통일성과 체계성을 부여하고, 우리의 확신, 선입견, 믿음의 근거를 비판적으로 검토함으로써 나오고, 개별 과학이 확정적으로 단정 지을 수 있는 설명을 하는 데 비해 철학은 현재로서는 어떤 단정적인 해답도 주어질 수 없는 문제들에 대해 탐구한다는 것이다. 철학의 탐구 대상에 대한 불확실성이 가장 잘 드러나는 것은 세계의 계획이나 목적, 의식과 세계와의 관계, 선과 악이 세계에 대해 갖는 중요성 등에 대한 물음이다. 이러한 질문들에 대한 해답을 찾을 수 있는 가능성이 아무리 작다 하더라도, 그 문제들을 계속 고찰하면서 그 문제들의 중요성을 우리가 알 수 있도록 해주고, 그에 대한 해답을 찾기 위해 모든 접근 방법을 검토하는 것이 철학이 해야 할 일의 일부다. 단정적으로 확인될 수 있는 인식에만 우리 자신을 한정하면 세계에 대한 사변적인 관심은 자칫 말살되기 쉬운데 이를 생생하게 유지시키는 것이 철학의 임무 중 하나다. 사실 많은 철학자들이 그 같은 근본적인 문제들에 대한 어떤 해답이 진리임을 입증할 수 있다고 주장했지만, 러셀은 그러한 주제들에 대해 독단적이며 교조적인 방식으로 표현하는 것을 현명하지 못한 것으로 본다. 따라서 종교적인 신앙들에 대한 단정적인 해답의 체계를 철학적으로 증명할 수 있다고 희망하지도 않고 또한 철학적 가치의 한 부분으로 포함할 수도 없다는 것이다. 이처럼 그는 철학의 가치를 그 불확실성 속에서 대부분 찾고 있다. 러셀에 의하면, 온 세계가 단정적이고 유한하며 분명하게 되는 것 같은 사람은 편견에 갇히지만, 철학은 회의적 의심을 통해 자유분방한 사유를 경험하지 못한 사람들이 가진 오만한 독단주의를 어느 정도 제거하고 익숙한 것을 익숙하지 않는 측면에서 볼 수 있게 함으로써 우리의 경이감을 생생하게 유지하도록 도와준다. 뜻밖의 가능성들을 보여줄 때 철학이 갖는 유용성 외에도, 철학이 가진 주된 가치 중 하나가 그것이 사색하는 대상의 위대함을 통해, 그리고 사색의 결과로서 생기는 협소한 개인적인 목표로부터의 해방을 통해 온다는 것이다. 개인적인 관심의 영역에 국한된 본능적인 사람의 삶에는 평화는 없고 끈질긴 욕구와 무력한 의지 사이의 끊임없는 투쟁만 있지만, 철학적 삶은 세계를 친구와 적, 우호적인 것과 적대적인 것, 선과 악 등 두 적대 진영으로 가르지 않고 그 전체를 공평무사하게 봄으로써 평온하고 자유롭다. 러셀은 현재 상태로의 자아만을 취해 세계를 자아와 매우 유사하게 보고 익숙하지 않은 것은 전혀 받아들이지 않아도 세계에 대한 인식이 가능하다는 것을 입증하려는 욕망을 자아 성장에 방해가 되는 일종의 자기주장(과시)이라고 생각한다. "자기주장은 세상을 자신의 목표 달성을 위한 수단으로만 보고 세계를 자아보다 덜 중요한 것으로 만든다. 그리고 그 자아는 세계의 재화가 가진 위대함을 제한한다." 철학적 사색을 할 때, 우리는 비자아(非自我 not-Self)로부터 출발하고, 그 위대함을 통해 자아의 경계는 확대된다. "세계의 무한성을 통해 세계를 사색하는 정신은 어느 정도의 무한성을 공유하게 된다." 러셀은 인식은 자아와 비자아가 결합한 형식인데 우리가 세계를 우리 자신 속에서만 발견한 것에 강제로 일치시키거나 제한하려고 한다면 이 결합이 깨어진다고 주장하면서 다시 한 번 지나친 관념론적 주관주의 경향과 개인적이고 사적인 것에 대한 경계와 비판을 전개한다.

　인간이 만물의 척도이고 진리는 인간이 만든 것이며 공간과 시간과 보편자의 세계는 정신에 의해 창조된 것이 없다면 그것은 알 수 없고 무의미하다는 철학적 견해는 옳지 않다. … 철학적 사색을 자아로만 속박하는 이런 견해는 인식을 자아와 비자아의 결합으로 만드는 것이 아니라 선입견, 습관, 욕망들의 단순한 집산에 지나지 않게 만들고, 우리와 세상 사이에 뚫을 수 없는 장막을 만든다. … 이와 같이 주체와 객체 사이에 장벽을 둠으로써 개인적인 것 및 사적인 것은 지성에 대해 감옥이 된다.

　이어서 러셀은 평정하고 냉철하게 비개인적이고 순수하게 사색적인 인식을 추구하는 자유로운 정신을 찬양한다. "자유로운 지성은 감관에 의해 알려지는 인식보다는 개인적 역사의 우연이 섞이지 않은 추상적이고 보편적인 인식을 더 높이 평가할 것이다." 나아가 철학적 사색의 자유와 공평성에 익숙한 정신이 행위와 감정의 세계에서도 동일한 자유와 공평성을 유지할 것으로 본다. 사색을 할 때 진리에 대한 순수한 욕구가 되는 공평성은 행위에서는 정의가 되고 감정에서는 보편적인 사랑이 된다. 그 결과 사색은 사고의 대상뿐만 아니라 행위와 감정의 대상도 확장시킨다. 사색은 우리를 다른 나머지 세계와 전쟁 상태의 폐쇄된 도시의 시민이 아닌 세계의 시민이 되게 하며, 사람의 참된 자유와 협소한 희망과 공포의 예속으로부터의 해방도 이 세계 시민 정신 속에 있는 것이다. 마지막으로 15장 전체의 논의를 다음과 같이 마무리한다.

철학은 어떤 확정적인 답도 대개 참이라고 확인할 수 없기 때문에 철학적 물음에 대한 확정적 해답을 위해서가 아니라 오히려 물음 자체를 위해 탐구되어야 한다. 왜냐하면, 이러한 철학적 물음은 가능한 것에 관한 우리의 개념을 확장시켜 우리의 지적인 상상력을 풍부하게 해주고, 사색에 대해 마음의 문을 닫게 하는 독단적 확신을 감소시키기 때문이다. 그러나 무엇보다 철학이 사색하는 대상인 세계의 위대함을 통하여 정신도 역시 위대해지고, 정신의 최고선을 이루는 우주와의 합일도 가능하게 되기 때문이다.

철학이 세계 전체에 대한 확정적 인식을 가져다줄 수 없음에도 철학적 물음 그 자체를 통해 우리 정신세계를 확대하고 정의와 사랑, 최고선으로 우리를 인도할 수 있다는 러셀의 주장은 공감이 간다. 그리고 철학이 이런 역할을 하기 위해 '주관적 관념' 또는 '자아'에 세계를 가두기보다 비자아인 세계의 '큼'이 가진 낯선 측면들을 통해 자아를 성장시켜야 한다는 주장도 옳다. 형이상학적 독단과 절대적 회의는 상반된 철학적 태도지만 세계에 대한 보다 풍부한 이해의 가능성을 차단한다는 점에서는 같기 때문이다. 그러한 절대적 독단과 절대적 회의는 자신의 존재 자체를 있는 그대로 받아들이며 존중하고 사랑하는 사람보다 자신의 존재 의미나 이유를 세상과의 대결이나 타인과의 경쟁 속에서 찾으려는 자의식이 지나친 사람들에게서 나타날 위험성이 더 크다. 자신이 빛나 보이기 위한 욕망으로 뭉친 사람은 세계의 경외감 앞에 겸손하면서도 그 풍부한 세계의 진리와 합일되려고 끊임없이 탐구하고 도전하는 사람의 자유로움과 공평무사함을 갖기 힘들기 때문이다.

그러나 철학적 인식이나 진리가 자아와 비자아의 결합이라고 하면서 비자아인 세계로부터 나를 향해 나아가며 세계와 나와의 합일을 추구하는 태도가 약점이 없는 것은 아니다. 이러한 철학적 태도는 잘못하면 보편적 실재나 객관적 실재에서 지나치게 진리의 기준을 찾음으로써 자아가 가진 보편성과 관계성은 잘 인식할 수 있지만 자아의 개별성과 독립성은 잘 인식하기 어려울 수 있다. 무한한 '큼'을 지닌 세계에 대한 철학적 사색을 통해 자아로 나아가는 것과 함께 자아에 대한 철학적 사색을 통해 세계로 나아가는 것 역시 자아를 성장시키는 데 필요한 하나의 방식이라고 하는 것이 더욱 바람직한 견해다. 비자아인 세계의 보편성, 관계성, 역사성에 대한 물음과 탐구가 자아를 포함한 개별 사물의 개별성과 현존성, 구체성에 대한 물음 없이 이루어 지긴 힘들기 때문이고, 마찬가지로 나만의 개성과 특성, 또는 다름은 무엇이고 그것은 어디서 어떻게 온 것인지에 대한 물음이 비자아인 세계의 보편성, 관계성, 역사성에 대한 물음 없이 온전하게 이루어지긴 힘들기 때문이다. 이런 점에서 보면 러셀은 지나치게 주관적인 것과 사적인 것을 경계하고 객관적인 것과 공적인 것, 또는 보편적인 것을 높이 평가한다.

사실, 과학이 문제 삼는 물리적 세계와 그 탐구 방법이 가진 학문적 합리성과 논리적 엄밀성, 실증적 성격을 높이 평가하는 러셀은 철학의 탐구 대상과 영역, 심지어 그 방법까지도 다소 편향되어 있다. 그가 주로 채택하는 '논리적'이고 '분석적'이며 '경험론적' 방식은 과학적 물음에 대해서는 매우 유용하며 형이상학적 독단이나 절대적 회의론을 논박하는 데는 효과적일지 모르지만, 정작 그가 중요시하는 철학적 물음들을 사색하여 그가 주장하는 철학적 가치를 얻는 데까지 매우 효과적이라고 보기는 어렵다. 과학은 물리적 실재이든 정신적 실재이든 간에 대상 그 자체가 가진 객관적인 성격에 주로 관심을 가지고 있고, 철학은 그것이 나, 우리 또는 세상에 어떤 의미나 가치가 있는지에 주로 관심을 갖는다. 과학이 실재에 대한 객관적 성격을 더 많이 지닌 이론적 인식을 추구한다면, 철학은 실재의 존재

가치나 그 존재의 근본 원리, 그것을 바라보는 사상과 태도, 관점 등 주관적 성격을 더 많이 지닌 지혜를 추구하기 때문이다. 그러자면 철학은 자연 세계의 물리적 현상뿐만 아니라 언어나 문화를 포함한 인간 세계의 인문 사회 현상과 인간의 내면세계와 마음, 특히 의지적이고 정서적인 내용들에 대해 더 많은 관심을 기울여야 한다. 그리고 이들을 탐구하려면 논리적이고 분석적이며 실증적인 방법뿐만 아니라 직관적이고 해석적이며 사변적인 방법이 필요할 것이다. 철학적 통찰, 지혜, 삶의 기본 자세나 태도, 사상 등과 같은 것은 현실에 대한 이론적 파악과 무관하지 않지만 그것과는 다른 차원의 문제다. 전자에 대해서는 주로 삶의 근본 문제들을 고민한 인류의 위대한 스승들이 남긴 경전과 그들의 사상에 대한 연구가 더 많은 도움을 준다. 후자에 대해서는 인류 지성들의 인문 · 사회 · 과학적 성과에 대한 연구가 더 많은 도움을 준다. 전자와 같은 철학적 기초 위에서 인문 · 사회 · 자연 현상에 대한 이론적 또는 과학적 탐구가 이루어지며, 거꾸로 그러한 이론적 · 과학적 탐구의 기초 위에 철학적 사유가 본격적으로 시작된다. 러셀이 이 점을 분명히 했더라면 철학적 사유에 필요한 방법과 자세 등에 대해 좀더 균형 잡힌 견해를 가질 수 있었을 것이다.

▮ 나가며

사실, 일반인들이 쉽게 읽을 수 있는 대중적인 철학 입문서는 드물다. 그런 점에서 이 책은 분명 전문적인 철학 인식이 없는 일반인들도 '인식론의 기본 문제에 대한 철학적 사유의 전범과 그 의의'를 잘 알 수 있는 훌륭한 철학 입문서다. 우리는 이 책을 통해 '인식론의 기본 문제에 대한 주요 철학자들과 러셀의 철학적 입장'은 물론이고 '철학적 인식의 기초와 한계, 철학적 사색의 가치' 등을 이해할 수 있다. 그러나 전제가 둘 있다. 번역본을 읽다가 이해가 잘 안되면 영어 원문과 비교하면서 읽어야 한다는 것과 천천히 읽어야 한다는 것.

첫 번째 전제가 필요한 이유는 번역의 문제 때문이다. 나는 번역본을 읽어가면서 당혹스러움을 느꼈다. 누구보다 '논리'를 중시하는 러셀이 출판을 염두에 두고 대중이 이해하기 쉽도록 쓴 책이라고 알고 있는데 가끔씩 그의 '논리'가 이해되지 않는 것이었다. 인식론에 대한 철학적 사유의 주요 입장들을 검토하거나 비교하면서 자신의 견해를 밝히는 서술방식 때문에 철학사에 대한 나의 '배경인식'이 부족해서 그런가 하는 의심이 들었다. 그 문제가 아니더라도 기왕 글의 맥락을 더 잘 이해하기 위해 그가 중요하게 인용하는 데카르트, 로크, 흄, 버클리 등의 경험론자들, 칸트, 헤겔

등의 인식론적 입장을 철학사 속에서 찾아 읽어보기로 했다. 그렇게 참고 서적을 찾아가면서 읽어보니 많은 도움이 되었다. 하지만 그래도 글의 의미가 명료하게 와 닿지 않는 부분들이 군데군데 남았고, 결국 인터넷을 뒤져 영어 원문을 찾아 읽고는 두 권의 번역된 책을 대조하면서 허망함을 느꼈다. 기본적인 의미나 논리를 틀리게 옮겨놓은 부분들이 있었던 것. 역자들이 철학을 전공하고 대학에서 학생들을 가르치는 사람들이라 이 정도의 원전은 큰 문제가 없으리라 믿었던 것이 잘못이었다. 명료하지 않는 부분은 처음부터 원문과 대조하면서 읽어야 했다.

두 번째 전제가 필요한 이유는 이 책에서 다루는 주제들의 무게 때문이다. 있음과 없음, 대상 인식의 문제, 물질의 존재와 본성, 보편자와 개별자, 진리와 오류 등은 철학에서도 가장 중요한 기본적인 제일급의 문제들이다. 이런 문제들을 사유하면서, 서로 다른 입장이 지닌 근거와 그런 입장들이 가질 수 있는 함의, 그 의의나 한계까지 비판적으로 이해하며 자신의 시야를 확장시켜가려면 천천히 읽어야 한다.

실전 연습문제

〈2007 대입 이화여대 수시 2〉

다음 글을 읽고 물음에 답하시오.

(가)

　　우리가 어떤 대상을 볼 때 그 대상에 대한 인식은 표면에서 반사된 빛에 의해 촉발되는 일련의 신경 활동에 의존한다. 전적으로 물리적 특성만을 가지고 있는 빛이 눈의 망막에 도달하면, 신경 활동으로 변환되어 두뇌로 전달된다. 빛의 물리적 특성은 질서정연한 규칙에 따라서 작동한다. 따라서 신경 변환도 매우 규칙적이며, 사람들 간에 구체적인 차이를 거의 보이지 않는다. 그러나 시각적 인상은 말초신경계의 수용기세포를 흥분시키는 감각경험에 국한되지 않는다. 시각적 인상에는 감각경험에 의미를 부여하는 관찰자의 인지적 배경이 수반된다. 따라서 메리 카삿(1844-1926. 미국 출신의 인상주의 화가)의 작품을 볼 때 여러분이 경험하는 정서적/지적 반응은 나의 경험과 전혀 다를 수 있으며, 동일인의 경우에도 빈센트 반 고흐(1853-1890. 네덜란드 출신의 후기 인상주의 화가)의 "별이 빛나는 밤"에 대한 반응과 카삿의 "목욕"에 대한 반응이

판이할 수도 있다. 우리들 각자는 세상에 대한 심적 구조를 발달시키는 방식에서 엄청난 다양성을 보이기 때문에 세상을 전혀 다르게 바라보게 되는 것이다. 이러한 주장이 지나치게 과장되지 않도록 하기 위해서, 사람들 간에는 광범위한 공통경험의 영역이 있어서 어느 정도는 지적 등가성(intellectual equivalence)을 유지시켜 준다는 사실을 지적하고자 한다. 또한 생리적으로도 공통성을 가지고 있기 때문에, 기본적으로 시각자극의 최초 처리 과정은 모든 사람에게 동일하다. 이와 같이 단순한 예로부터 우리가 내릴 수 있는 한 가지 중요한 결론은 시각의 이중성 개념이다. 시각경험은 눈에 주어지는 시각자극뿐만 아니라 두뇌에 의한 감각경험의 해석을 통해서 달성된다.

(나)

　눈이 있다는 것은 본다는 것이며, 본다는 것은 인식한다는 것이며, 인식한다는 것은 전체 중의 부분만을 파악한다는 것이기에 눈이란 진정 감옥이다. 인식한다는 것은 모든 대상을 있는 그대로 두지 않고 부분이라는 틀, 인식의 틀 속에 가두는 것이기 때문이다. 비트겐슈타인은 '철학은 모든 것을 있는 그대로 두는 것'이라고 주장했지만, 인식의 세계는 모든 것을 있는 그대로 두는 것이 아니라 전체 가운데 부분을 떼어내어 그것을 전체인 것처럼 '틀짓는' 감옥의 세계, 관견(管見)의 세계다. 이런 점에서 볼 때 인식의 이름 으로 행하는 모든 논리적 사유—이성적 담론—는 일면 가장 비철학적이다. 인식의 역사는 감옥의 역사이며, 인간 사유 의 역사는 '틀짓기'의 역사다. 틀짓기의 역사는 전체를 부 분으로 난도질하는 '비틀기'의 역사다. 눈이 있고 그 눈이 바라보는 대상이 있는 한, 즉 인식의 주체인 '나'가 있고 인 식의 대상인 '너'가 있는 한 '틀짓기'의 역사, '비틀기'의 역 사는 필연이자 숙명인 것이다. 눈이 본 부분을 전체인 것처 럼 절대화하는 인식의 폭력은 실로 오랜 역사를 지닌다. 그 것의 역사가 곧 인간의 역사라 하더라도 별 무리는 없을 것 이다.

어떤 대상을 있는 그대로 인식하지 못하고 전체 가운 데 부분을 도려내어 이를 전체인 것처럼 틀짓는 것, 이것이 인식작용의 본질이자 한계이며 숙명이다. 그렇다면 인간이 펼치는 인식작용의 총체적 산물인 언어도 인식작용과 마찬 가지로 숙명적인 한계를 지닐 수밖에 없다. 따라서 언어는 폭력적일 수밖에 없는 것이다.

인간의 역사와 문명 그 어디서 인간다운 '진보'의 역 사, 인간다운 '발전'의 문명이라는 것을 찾아볼 수 있는가. 오히려 시기, 음욕, 탐욕 등으로 가득 찬 인간의 눈은 '좋은 눈의 흔적은 어디에도 없는 악한 눈'이라는 라캉의 주장이 야말로 모든 대상을 '타자화'하고 폭력을 유도하는 파괴적인 인간의 눈에 대한 가장 정확한 규정이 아니겠는가. 타자화는 인식의 주체가 자의적으로 휘두르는 폭력과 다름없다. 이러한 틀짓기, 비틀기의 역사는 바로 모든 개념화의 원천인 눈이 펼친 역사다. 인간의 눈이 본질적으로 '악한 눈'이라면, 눈이 있는 한 인간의 세계는 파국을 면할 길이 없다. 종교적 용어를 구사한다면 인간에게 구원은 없다.

(다)

아래의 그림은 피카소의 "아비뇽의 아가씨들"이다(그림은 인터넷 참고). 입체주의(cubism)는 여러 시점에서 대상을 관찰하여 형태를 기하학적으로 단순화하고 분해한 다음 재구성하여 표현하였다. 입체주의는 피카소가 "아비뇽의 아가씨들"을 발표함으로써 급격히 발전하였다.

[문제] (가)와 (나)의 입장에서 (다)를 각각 해석하고, 두 해석에 관한 자신의 견해를 말해 보시오.

〈 2004 대입 서울대 수시 2 구술 〉

※ 다음 제시문을 읽고 질문에 답하시오.

(가)

We historians have a responsibility to historical facts in general, and for criticizing the abuse of history in particular. I need say little about the first of these responsibilities. I would not have to say anything, but for two developments. One is the current fashion for novelists to base their plots on recorded reality rather than inventing them, thus fudging the border between historical fact and fiction. The other is the rise of 'postmodernist' intellectual fashions in universities, particularly in departments of literature and anthropology, which imply that all 'facts' claiming objective existence are simply intellectual constructions—in short, that there is no clear difference between fact and fiction. But there is. And for historians, the ability to distinguish between the two is absolutely fundamental. We cannot invent our facts. Either Elvis Presley is dead or he isn't. The question can be answered unambiguously on the basis of evidence, in so far as reliable evidence is available.

* fudge: 왜곡시키다

（나）

　　아주 옛적부터 사람들은 끈이나 사슬에 매달린 무거운 돌이 흔들리다가 멈추는 것을 보아 왔다. 아리스토텔레스는 이 운동을 제약된 落下 운동으로, 즉 무거운 돌이 그 자체의 本性에 의해 높은 位置에서 낮은 位置로 움직여 정지 상태에 이르는 운동으로 보았다. 반면, 갈릴레오는 그것을 동일한 동작이 무한정 되풀이되는 振子 운동으로 보았다. 그러한 시각의 轉換이 왜 일어났을까? 그것은 갈릴레오가 돌의 움직임을 더욱 정확하게, 더욱 客觀的으로 觀察한 데서 일어난 일이 아니다. 아리스토텔레스의 知覺도 그만큼 정확했다. 제약된 落下 운동을 振子 운동으로 보는 變化는 운동에 대한 理論(패러다임)의 변화에 의해 생겨난 것이다. 과학자들은 단지 제약된 落下 운동이나 振子 운동을 볼 수 있었을 뿐이며 그보다 더 기초적이고 그들의 理論으로부터 독립된 경험을 할 수는 없었다.

（다）

　　시종과 함께 길을 가던 기사의 눈에 길 위로 커다란 먼지가 구름처럼 일어나는 것이 보였다.

　　오늘이 바로 그 날이다. 내 운명이 날 위해 준비해 둔 커다란 행운이 이제야 날 찾아왔구나. 기사의 모험에 대한 역사책에 기록된 대로 나는 오늘 실력을 발휘해서 후세에 영원히 빛나는 명예를 얻게 될 것이다. 저기를 보거라. 저 엄청난 먼지 구름은 바로 수많은 기사와 병사들이 진군하면서 일으키고 있는 것이니라.

저쪽 말고 이쪽에서도 먼지가 일어나고 있는데요.

기사가 고개를 돌려보니 사실이었다. 그는 이 두 군대가 맞부딪쳐 격렬한 전투를 벌일 것이라고 생각했다. 기사가 너무 확신하고 있었기에 시종도 믿을 수밖에 없었다.

"그럼 우리는 어떻게 하죠?

"어쩌긴, 당연히 약한 편을 도와야지.

그러나 두 무리가 가까이 오자 먼지를 일으키는 것이 양떼였음이 드러났다. 시종이 말했다.

"아이고, 세상에. 내 눈에는 주인님이 말씀하신 군대는커녕 기사나 말의 코빼기도 안 보입니다. 또 다시 마법에 걸리셨나 봅니다.

뭔 소리를 하는 거냐. 말이 울부짖는 소리며 진군나팔과 북 소리가 안 들린다는 말이냐?

양떼가 움직이는 소리밖에는 아무것도 들리지 않는데요.

이런 겁쟁이 같으니라구. 눈앞에 보이는 것도, 확연히 들리는 것도 사실이 아니라고 하다니. 필경 두려움에 눈이 멀고 귀까지 멀었나 보구나.

그러면서 기사는 말에게 박차를 가하며 약한 편을 구

하려고 양떼 속으로 달려 들어갔다.

[질문 1] 제시문 (가)의 요지를 말한 뒤, 제시문 (가)와 (나)의 관계(일치, 대립, 예시 등)를 설명하시오.

[질문 2] 제시문 (가)와 (나) 각각의 입장에서, 제시문 (다)에 나오는 두 인물을 어떻게 이해할 수 있는가?